Mut ohne Heldentum

Fröhliche Wissenschaft 255

Antonia Birnbaum

# Mut ohne Heldentum

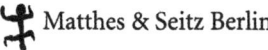 Matthes & Seitz Berlin

# Inhalt

## Mut ohne Heldentum. Eine Einführung

Das Heldentum wird vom Tod magnetisch angezogen, ohne darin jemals das Gesetz seiner Bewegung oder sein Gravitationszentrum zu finden. Seine Bahn ist für immer instabil; sie kann sich ins Nichts auflösen oder sich an das binden, was am Leben noch nicht ausgespielt ist. Von dieser Instabilität rührt die Differenz des Mutes her, seine Erprobung eines Lebens ohne Maß, das durch den souveränen Ehrgeiz zur Statue versteinert wurde. Seine Beweglichkeit, zwischen die Zeilen des Heldentums geschrieben, lenkt den Mut unmerklich vom Glanz, von der Souveränität und dem Schicksal zu einem »Mut ohne Heldentum«. Die Anonymität des Muts, sein unberechenbarer Anteil, seine Einschnitte im Lauf der Welt haben somit nichts von einer Tugend, die dem Heldentum historisch nachfolgen würde und die nur als Phänomen beschrieben oder ausgehend von Erlebnissen bestimmt zu werden bräuchte. Der Mut bildet sich aus einer Diskontinuität der Objekte des Heldentums selbst heraus, die bereits in deren opfernden, überlegenen, schicksalhaften Tendenzen wirkt, ohne jemals mit ihnen identisch zu sein.

Die in diesem Buch zusammengestellten Essays handeln von solchen Diskontinuitäten: Ihr Einsatz besteht darin, die heldenhafte Matrix des Muts zu spalten, ihre Elemente zu dissoziieren und zu rekonfigurieren, um sie zu einer neuen Konstellation zusammenzufügen, die einen der Anonymität innewohnenden Mut zur Erscheinung bringt. Ihre Erhellung hat mit einer materialistischen Problematik des Subjekts zu tun, ob nun in der Dialektik, der Tragödie, dem Gedicht, der Politik. In dieser Eigenschaft grenzt sie sich entschieden von den zahlreichen Apologien des Muts ab, die der vorherrschenden Moral eigen sind und sich überallhin ausbreiten, von philosophischen Essays bis hin zum Coaching. Die einstimmige, allgegenwärtige Berufung auf einen solchen gewöhnlichen, dem sozialen Leben homogenen und dem Alltag zur Verfügung stehenden Mut wird als exemplarisch für dieselben Gesten angeführt, die jede Handlung und jedes Verhalten in den Gegenstand eines gesellschaftlichen Kalküls verwandeln. Wird der Mut auf diese Weise konstituiert, integriert in die »Arbeit an sich selbst« einer ebenso undefinierten wie unerbittlichen Normativität, so gehört er vollends zur Travestie eines »tugendhaften« Kapitals.

### Die Dissoziationen der heroischen Matrix

Das Heldentum besitzt eine antike, epische und kriegerische Matrix, deren emblematischer Fall die *Ilias* ist: die Entscheidung für ein kurzes, dem Kampf gewidmetes Leben, die unvergleichlichen Glanztaten, die Unsterblichkeit ihrer Namen machen die Helden zu Halbgöttern. Sie treten anhand ihrer Rivalitäten in Erscheinung, durch ihre Attribute, im Glanz der Gegenwärtigkeit, die ihnen der Gesang verleiht. Ihre Leistungen, die kriegerischen Gräuel, die sich darin entfalten, erzählen von Interferenzen der menschlichen und göttlichen Welt. Schicksal, Ausnahme, Rechtfertigung des Opfers bilden die Elemente des antiken Heldentums.

Aber sowohl seine Ausdrucksformen als auch seine politischen Anordnungen lösen sich umgehend von diesem Anfang ab, und zwar so, dass seine eigene Matrix tangiert wird. Achilles selbst ist schon davon betroffen. In der *Ilias* ist er der Held schlechthin, während er im elften Gesang der *Odyssee*, als er Odysseus begegnet, der in die Welt der Toten hinabgestiegen ist, schroff erklärt, dass er lieber bei einem armen Bauern dienen würde, als Herr über all diese verwesenden Leichen zu sein. Die in sich ruhende Ganzheit des unsterblichen Ideals ist angeschlagen, durchzogen von einem heftigen Schauer der Sehnsucht nach einem anonymen Leben.

Die Moderne hat dem Heldentum einen instabilen, der Zerstreuung ausgesetzten Wert verliehen. Seine vielfachen Neukonfigurationen ordnen sich nicht zu einer Chronologie, sie prallen aufeinander, überlagern sich, wechseln sich gegenseitig ab. Eine einfache Aufzählung belegt diese Verstreutheit. Die griechische Heldentragödie wird vom deutschen Idealismus zu einer Idee des Tragischen umgearbeitet, einer Idee, die die Widersprüche von absoluter Freiheit artikuliert. Der Baudelaire'sche Heroismus erfindet eine ästhetische Askese, die die Ewigkeit der Gegenwart ihrer vorübergehenden Erscheinung entreißt. Der Heroismus der Französischen Revolution nimmt die Umwandlung der Leidenschaft in eine staatsbürgerliche Tugend vor. Im 20. Jahrhundert schließt sich das Heldentum mit der Ausnahmeerscheinung der Avantgarde zusammen, sei sie politisch oder künstlerisch. Oder aber, es macht sich bei den Guerillas der antikolonialen Unabhängigkeitskämpfe geltend, die ein Heldentum des minoritären Kampfes in Auseinandersetzung mit der politischen und militärischen Übermacht des Imperialismus neu erfinden, nach dem Ausspruch »frei leben oder sterben«.

Über diesem kurzen Abriss darf aber nicht vergessen werden, dass das Heldentum keinerlei notwendige Verbindung zur Emanzipation hat; es schreibt sich ebenso in die Remythologisierung der Herrschaft ein, die den Faschismen eignet. Die Figur des nihilistischen Kriegers, der sich nahtlos an die maschinengesteuerte Raserei des Weltkriegs bindet, feiert nicht einen heroischen Namen, sondern die Vernichtung selbst als Willen zum Nichts. Näher an unserer Zeit besetzen zahlreiche anthropologische Diskurse die Form des Epischen und der Feier des Authentischen neu, ohne diese überhaupt erst zu problematisieren. Als wäre es möglich, alle Realabstraktionen der Gegenwart von Neuem einer prämodernen Nostalgie verfügbar zu machen, deren Verlautbarung ausreichte, um diese Abstraktionen aufzulösen.

Das Plastische dieser Neukonfigurationen scheint das moderne Heldentum einer diffusen Allgegenwart anzunähern. Doch mit dem Ersten

Weltkrieg tut sich ein Bruch auf, auch wenn dieser weniger eine chronologische als eine begriffliche Bedeutung hat. Die Frage, wofür Millionen Leben in mörderischen Materialschlachten geopfert werden, welchen Interessen, welcher Staatslogik unterworfen, macht die Frage obsolet, wofür ein Leben noch bereit sein könnte, sein eigenes Ende in Kauf zu nehmen. Oder, um es anders zu sagen: Die vom Register des Idealen erforderte Konformität mit der Vernunft zeigt sich irreduzibel entstellt in der Konformität mit dem Schrecken, die von der imperialistischen Weltordnung verlangt und deren Brutalität den Massen oktroyiert wird.

Dieser Schnitt betrifft gleichermaßen alle mit der Tugend verbundenen Auffassungen des Heldentums, deren einzige wirkliche Aufgabe doch immer nur darin besteht, etwas im Namen einer höheren Norm, eines Guten zu opfern. Im Übrigen hat sich auf diesem Umweg das Heldentum auf das übertragen, was sein Gegenteil zu sein scheint, die christliche Unterwerfung; die Angst zu sterben kommuniziert mit der Angst vor dem Leben, um Nietzsche zu paraphrasieren. Sigmund Freud bemerkt 1915 in »Zeitgemäßes über Krieg und Tod«,[1] wie dieser Krieg dazu zwingt, unser Verhältnis zum Tod zu ändern, seine Teilhabe am Leben anders zu denken: Die Missverhältnisse, die die Beziehung zum Tod durchziehen, die Art, diese Missverhältnisse zu behandeln, sind niemals isolierbar von den Missverhältnissen, die die Beziehung zur Welt kennzeichnen.

Um Zugang zur ontologischen Prekarität, zu den Unruhen des anonymen Lebens zu finden, die aus uns Subjekte machen, ist es nötig, die zentrale Frage umzuformulieren. Nicht länger: »Wofür ist ein Subjekt bereit zu sterben?«, nicht einmal: »Welchem Ideal ist es bereit, sich zu opfern?«, sondern, um Jacques Lacan zu paraphrasieren: »Welche Weigerung, auf das Begehren zu verzichten, lässt ein Subjekt aufkommen?« Daher verdreht sich der Mut: Er ist fortan weder der Objektivierung einer Ordnung des Guten gewidmet noch an die Faszination des Todes gebunden. Der Exzess des Wagnisses, das Beharren auf den stets singulären Objekten, die es besetzt, treten sowohl außerhalb der Tugend ein als auch außerhalb eines Schicksals. Durch den Zufall katalysiert, reißt sich der Mut aus einer Situation heraus – eine Bresche tut sich auf, die ihr Maß annulliert und das Subjekt auf das verweist, was die Wahrheit an Unberechenbarem mit sich bringt.

Mit dieser Verdrehung hört der Mut auf, das Heldentum abzubilden, er bringt dessen Matrix in Unordnung: Der Abstand von seinem Vorbild prägt nunmehr sein Aufflackern und seine Umsetzung in die Tat. Jedoch bleibt diese Dissoziation schwierig zu erfassen, insofern der Bruch mit dem Heldentum Gefahr läuft, in verschiedene Fallen zu treten. In der Philosophie der zweiten Hälfte des 20. Jahrhunderts hat das Denken der Endlichkeit Heldentum und Mut in der Forderung nach ihrer Aufgabe gleichgesetzt, wohingegen sie von zahlreichen Unabhängigkeitsbewegungen positiv konnotiert gleichgesetzt wurden. Jedes Mal ist es die Diskontinuität selbst, die unberücksichtigt bleibt oder zumindest tendenziell vernachlässigt wird.

In »Das Ende des Helden« erhellt Maurice Blanchot 1965 den Übergang vom Heldentum zur Anonymität vermittels einer Meditation des Todes: »Der Tod ist nichts Sauberes, Klares, Glanzvolles, er ist nicht die Schneide des Todes, die reine Aktivität des Herren-Akts: Er ist Passivität, Dunkelheit, die Unendlichkeit des zugefügten oder erlittenen Leidens, das abscheuliche Unglück, das glanzlose Verlöschen.«[2]

Der Held ist ohne Angst, der Tod ist für ihn kein Problem. Manifestiert sich diese, so gibt es ihn nicht mehr. Das Ende des Helden bezeichnet also die Aporie, die den Tod des modernen Subjekts bestimmt. Für dieses verweist die Beherrschung des Todes nicht länger auf eine Heldentat, einen heroischen Namen, sondern sie verdankt sich seiner eigenen Negativität. Nun kann aber das Hereinbrechen des Todes diese Beherrschung nur zunichtemachen, da es ja das Verschwinden des Subjekts bedeutet, das ihre Erfahrung machen soll; der Tod ist schlechthin das, was zugleich im intimsten Verhältnis zu dem steht, den er befällt, und in einer völligen Unpersönlichkeit oder Äußerlichkeit in Bezug auf ihn verfangen ist. Die Unmöglichkeit der Erfahrung des Todes bohrt sich durch die Angst; sie löst das Sein von jedem Sinn, den *logos* von der Rationalität. Dieses Umschlagen führt Blanchot dazu, den Tod des Subjekts mit einem Leiden in Verbindung zu bringen, dem die Literatur ihre anonyme Stimme leiht, was die Sprache außerhalb ihrer Kohärenz beginnen lässt und das Wort außerhalb desjenigen, der es spricht. Der Exzess, das Unentscheidbare, die radikale Abwesenheit von Sicherheit, der Ausfall jeden

Maßes, die mit der Angst eintreten, kreisen alle um den unnahbaren Tod.

Das Beharren auf der Grenze, an der jede Form der Beherrschung zerbricht, tendiert paradoxerweise dazu, diese fortzusetzen. Denn indem Blanchot dieses Zerbrechen ausschließlich auf das Leiden zurückführt, führt er im Gegenzug jedes Tun, jede Handlung wieder auf einen Willen zur Herrschaft zurück. Dass diese Gegenüberstellung selbst genauso von dem Unentscheidbaren der Angst infrage gestellt wird, dass die radikale Abwesenheit von Sicherheit, der Ausfall jeden Maßes zum Einsatz eines Wagnisses werden könnte, die Angst anders – als Bedingung des Muts – ins Spiel zu bringen, bleibt unbemerkt. Der Zusammenhang zwischen der Überschreitung der Grenze, dem Jenseitigen des Lebens, und der Passivität lässt die Instabilität des Exzesses außer Acht. Blanchot wendet sich zwar vom Begriff der Beherrschung ab; aber anstatt ihn vollends auseinanderzunehmen, fordert er einen Verzicht auf Herrschaft ein. Somit wird dann auch die prekäre Stellung des Subjektes reduziert, sie wird mit dem Register des Leidens und der Verletzlichkeit verwechselt beziehungsweise identifiziert. Aus einer solchen Perspektive gehen das Aufkündigen des Heldentums und der aus der Passivität erwachsene Verzicht auf jeglichen Mut Hand in Hand, ganz einfach, weil es gar keinen Grund gibt, sie zu unterscheiden.

Diese philosophische Annullierung des Muts ist umso auffallender, als die 1950er und 1960er Jahre in Frankreich der Schauplatz einer bedeutenden Politisierung sind, bedingt durch den Unabhängigkeitskampf Algeriens und die Umbrüche, die das marxistische Denken auf weltweiter Ebene durchziehen. Vor diesem Hintergrund ist Blanchot selbst initiativ beteiligt am 1960 veröffentlichten Manifest der 121, in dem zu lesen ist: »Gibt es nicht Fälle, wo die Weigerung zu dienen eine heilige Pflicht ist, wo ›Verrat‹ die mutige Achtung des Wahren bedeutet?«[3]

Was die Unabhängigkeitsbewegungen der zweiten Hälfte des 20. Jahrhunderts betrifft, so reproduzieren sie die heroische Matrix jenseits ihres historischen Bruchs. Sie haben zwar die Koordinaten des kriegerischen Registers dekonstruiert und völlig verändert, indem sie zivilen und bewaffneten Widerstand, Kampf in der Stadt und auf dem Land neu verknüpft haben, nicht zuletzt in Algerien, dank der Anwesenheit der Frauen in den Maquis, wie Frantz Fanon in *L'an V de la révolution algérienne* zeigt.[4] Guerillabewegungen haben den Unterschied eingeführt zwischen dem, was ein »bewaffnetes Volk« (Marx) leisten könnte, und einem Kampf, der nach einem militarisierten und staatlichen Modell geführt wird. Ihre Kämpfe haben eine andere Form der Anwesenheit in der Welt des Feindes erfunden, eine andere Weise, ein Gebiet zu bewohnen, sie haben dieses Dasein gerade dort behauptet, wo es vernichtet zu werden drohte; ihr Verhältnis zum Wagnis war nicht an das Nichts gekoppelt, sondern an das Unbekannte. Aber in dem Maße, in dem ihre politische Logik sich auf eine Übernahme der staatlichen Macht fixierte, hat sie letzten Endes diese Askese einer Ideologie der aufopfernden Tugend unterworfen, in Übereinstimmung mit einer Verherrlichung des Todes, sei sie souverän und national oder romantisch und internationalistisch gestimmt. Die Siege der Unabhängigkeit tilgen letztendlich die Spannung zwischen Mut und Ordnung, indem sie sie normalisieren, ja indem sie sie unterdrücken.

Diese beiden Zugänge zur heroischen Matrix, der der Philosophie der Endlichkeit und der der Politiken nationaler Befreiung, zeigen, dass die Gleichsetzung von Mut und Heldentum nicht haltbar ist, dass sie einer Form von Blindheit entspricht. Blanchots Zugang besteht darin, den Mut zugleich mit dem Heldentum aufzukündigen, was Letzterem freien Lauf lässt; der Zugang der Unabhängigkeitspolitiken besteht darin, die anonyme Askese der Kämpfe in eine Opfertugend einzugliedern, was die Wiederkehr des Heldentums bewirkt. Jedoch beschränken diese Betrachtungen sich nicht auf die benannten Aporien, sondern umreißen auch die Schwierigkeit, die darin liegt, das Anonyme zu denken. Dieses kann nicht einem selbstbegründeten, willentlichen Subjekt angerechnet werden, noch können sein kollektiver Erfindungsreichtum und seine Gewalt einem Aug-in-Aug mit dem Tod geschuldet sein.

## Mut, Subjekt, Ereignis

Die Exhumierung des Muts steht nicht nur vor den Aporien des turbulenten 20. Jahrhunderts. Sie stößt gleichermaßen auf die Schwierigkeiten unserer Gegenwart, die durch einen so triumphalen wie aggressiven Kapitalismus charakterisiert ist. Hinsichtlich der objektiven Dimension, die dieser den Menschen aufzwingt, hat das für die weltweite kapitalistische Verwertung erforderliche »Sicherheitsbedürfnis« sich in sein Gegenteil dialektisiert: Die rassistischen Politiken, die Errichtung von Mauern, die Zerstörung solidarischer Institutionen, die Verwüstung der Erde, die endemischen Kriege haben nunmehr einen dritten Weltkrieg am Horizont aufscheinen lassen. Was die subjektive Dimension angeht, so ist sie von vornherein neutralisiert, eingeklemmt und in die Defensive gedrängt. Es fällt schwer, in ihren Spannungen etwas anderes auszumachen als die objektive Anpassung an die Welt, wie sie ist, sei sie nun von Brutalität oder Unterwürfigkeit gekennzeichnet. Augenscheinlich wird dies in der Spannung zwischen dem Wiederaufleben eines todbringenden heroischen Tonfalls im Einklang mit einer schleichenden Faschisierung einerseits und der ständigen Berufung auf das vulnerable Leben andererseits, die einer permanenten und verallgemeinerten Fortsetzung der subjektiven Ohnmacht entspricht. Während das Denken sich zunehmend unfähig zeigt, materielle Wirkungen im politischen und gesellschaftlichen Bereich hervorzubringen, registriert Gewalt ihren Bruch mit dem Denken, indem sie sich in Hass darauf verwandelt. Dieses versteifende Hin und Her zwischen einem »nichts Wollen« und einem »das Nichts Wollen« beschränkt sich nicht auf die politische Sphäre, sondern betrifft die ontologische Prekarität der Subjektivierung selbst. Es ist genau dieses Schwanken im Leerlauf, das die Frage nach einer mutigen Subjektivierung so dringend notwendig macht, während es sie zugleich in eine unbestimmte Ferne zu rücken scheint.

Weiter oben haben wir gesehen, dass der anonyme Mut keinem Ideal entspricht, sondern mit dem Unbekannten zu tun hat, genauso wie das Unpersönliche nicht die Unnahbarkeit des Todes bezeichnet, sondern die an seiner Unordnung hängende Unendlichkeit. So tritt der Mut nur dort in Erscheinung, wo etwas Unvorhergesehenes geschieht, sein Auftreten fällt ebenso in den Bereich einer materiellen Verwandlung wie in den der Vorwegnahme eines Zwecks, er bestimmt sich von keinem verfügbaren Wissen aus, sei es praktisch oder theoretisch. Diese Feststellung fordert dazu auf, direkt vom Unberechenbaren auszugehen, den Mut von dem Ereignis aus zu befragen, das ihn hervorruft und dessen Beweis er ist, indem er auf dieses setzt und sich als dessen Konsequenz einschreibt. Allerdings mündet dieser Weg, der sich bis Machiavelli nachzeichnen lässt, unmittelbar in eine Sackgasse, da die Schwierigkeit ja gerade darin besteht, die Subjektivierung des Muts in einer vom Ereignis verlassenen Welt zu erfassen.

Offensichtlich kann es nicht darum gehen, die Welt mit dieser Abwesenheit gleichzusetzen, was einfach darauf hinausliefe, wieder das Postulat einer unüberschreitbaren Endlichkeit zu bestätigen. Indessen zwingt das Dilemma unserer Gegenwart dazu, der eigenen Herangehensweise eine andere Richtung zu geben, sie einzugrenzen. Das Problem besteht nicht darin, den Mut ausschließlich als Wirkung eines ereignishaften Bruchs aufzufassen, wie Alain Badiou es verstanden wissen will, für den der Mut das ist, was ein Ereignis im Subjekt hervorruft, aber keineswegs vor diesem existieren kann. Das Problem besteht darin, die Intervention des Muts aus einem subjektiven Schnitt zu erhellen, was eine Untersuchung seines ereignishaften Auftauchens einschließt. Denn es geht nicht darum, den Mut der revolutionären, spekulativen und poetischen Perioden im Zusammenhang ihrer Geschichte darzustellen, sondern vielmehr darum, in diesen Sequenzen die Zeit zu erhellen, die sie erkennt, d. h. unsere. Nun ist es eine evident gewordene Bilanz, dass der mit »1968« bezeichnete Moment keine neue revolutionäre und emanzipatorische Periode eröffnet hat. Er hat uns weniger in den Sog eines Ereignisses katapultiert als in den eines historischen Abschlusses, der die Armut unserer Gegenwart prägt. Zu fragen, wie diese Armut den Affekt des Mutes erhellt, heißt zu fragen, wie dieser mit dem Unendlichen umgehen kann, ohne sich am Ereignis auszurichten.

Es ist also notwendig, noch einmal in nächster Nähe anzufangen, wie Blanchot es tut, noch einmal beim Exzess anzufangen, der das Subjekt entäußert. Nur ist – im Unterschied zum von Blanchot ausschließlich auf die Unnahbarkeit des Todes gelegten Akzent – der Akzent auf die dieser Unnahbarkeit innewohnende Instabilität zu legen. Sagen wir, dass das, was für die Angst gleich einer Drohung auftaucht, nämlich die Unordnung des Exzesses, das Nicht-Gesetz als Gesetz, für den Mut auf dem Wege seiner Unvorhersehbarkeit auftaucht: durch das Fehlen eines Maßes. Es geht dabei um keine Symmetrie; die Angst befällt jedes Subjekt konstitutiv, während der Mut das zumindest nicht notwendigerweise tut. Unterstreichen wir ferner, dass es durchaus die Unordnung des Exzesses ist, die den Mut hervorruft, und nicht die Angst selbst. Die unmittelbare Nähe der beiden ist darin begründet, dass der Mut an sich, als Zugang zu einer Entscheidung für ihn und zu seiner Umsetzung in die Tat, eine Durchquerung der Angst mit sich führt. Paradoxerweise gibt es unter diesem Gesichtspunkt wieder eine Gemeinsamkeit mit Badiou, der diese Nähe in *Theorie des Subjekts* thematisiert.

Die unmittelbare Nähe von Mut und Angst bestätigt sich an allen untersuchten Gegenständen, in der Tragödie, im Hölderlin'schen Gedicht, in der revolutionären Politik, in der Dialektik. Bald taucht die Dynamik des Mutes in der Umgebung der Angst wieder auf, so in der Hegel'schen Dialektik der Knechtschaft oder in Adornos *Minima Moralia*, bald löst sie sich vom Schicksal ab, so in Sophokles' *Antigone*, bald unterscheidet sie sich bei Hölderlin von der Stärke, bald zeigt wiederum Kleist, wie der Blitz der revolutionären Gesten und Worte sich von ihrer rhetorischen Überlegenheit ablöst. Der letzte Text über »Zur Kritik der Gewalt« von Walter Benjamin problematisiert den Mut anhand seines Verhältnisses zur Gewalt, wie diese sich im Zorn manifestiert.

Noch einmal, der wechselnde Status der Begriffe von Subjekt und Subjektivierung, wie er hier zum Einsatz kommt, verweist nicht auf die angeblich autonome und reflexive Ordnung der menschlichen Subjektivität, sondern auf das materielle Aufkommen eines Subjekts, und bezieht sich genauso auf das Subjekt des Unbewussten, den Begriff als Subjekt, das Gedicht, das revolutionäre Subjekt, das Subjekt des Klassenkampfes. Endlich kann die Subjektivierung des Muts jeden beliebigen betreffen, wenn unter »jeder beliebige« ein anonymes singuläres Sein unter anderen verstanden wird und nicht das vergesellschaftete, um sein Ich zentrierte Individuum.

Die Angst hat eine zeitliche und affektive Wertigkeit, eine Wertigkeit des Bevorstehens und der Gefahr; sie geht über das Reale hinaus, indem das Subjekt von der symbolischen Ordnung getrennt wird, hier verstanden im weiteren diskursiven Sinne, als die geordnete Verteilung, die die gesellschaftlichen Plätze regelt, das Gesetz dieser Verteilung, den Bereich der Sprache. Die von der Angst mitgeführte Drohung offenbart die Spitze einer Instabilität: Das Subjekt erfährt sein Objekt-Sein als der Ordnung entzogen, gleich einem Rest ohne Korrelat, gerade dort, wo sich die Prekarität dieses Seins einmischt, die ohne Beziehung zu dieser Ordnung ist. Die Prekarität ist ohne Beziehung zur Ordnung, aber sie ist nicht transzendent, sie durchdringt die Körper. Sie bezeichnet den immanenten Exzess des Endlichen über seine eigenen Ressourcen, und mithin das Unendliche, das an ihm hängt.

Entgegen der vom heroischen Modell oktroyierten Perspektive ist der Mut nicht dem Zusammenstoß mit dem Tod als äußerster Grenze des Lebens geweiht. Vielmehr wird er durch den Exzess hervorgerufen, der sich von dieser Grenze ablöst, durch das Unvorhergesehene, das er inmitten der Räderwerke der Unterwerfung einführt. Der Effekt dieses Unvorhergesehenen zwingt zu einer Entscheidung: Sich vorwagen oder nicht. Sich vorwagen heißt auf einen Schnitt mit diesen Räderwerken zu setzen, fernab jeder Rationalität, die es ermöglichte, dieses Wagnis zu begründen; entscheiden, nicht zu entscheiden, heißt verzichten, oder von seinem Begehren zurücktreten, um Lacan zu paraphrasieren. Das bedeutet, dass es keinen Mut gibt, der für die Feigheit undurchlässig wäre, da ja die subjektive Unterwerfung ihm immer logisch vorausgeht, genauso wie es keinen Mut gibt, der sich auf das alleinige *ex nihilo nihil fit* einer Entscheidung beschränkte, da ja sein Hereinbrechen Spuren der Widerrufung trägt, aus der er seine Kraft bezieht.

Der Mut zeigt sich durch zwei Schritte, durch eine doppelte Operation: Hereinbrechen und Askese. Als unbegründeter Schnitt forciert der Mut der Unordnung einen Weg inmitten der Koordinaten, die ihm vorgeschrieben sind: Er findet in einer präzisen Situation statt, ohne dass seine Kraft durch das bestimmt wäre, was sie durchbricht. Diese Kraft materialisiert das Aufeinanderprallen des Unendlichen und seiner endlichen Ressourcen in einem besonderen Moment der Abkoppelung: In dieser Verschwommenheit der Plätze, wo Unterwerfung zugleich sie selbst und nicht mehr sie selbst ist, entdeckt sich die Subjektivierung plötzlich befähigt zu einer unermesslichen Verschiebung, von der sie nichts wusste. Diese Intervention ihrer eigenen

Unvorhersehbarkeit wird in gewissem Sinne zu einem anonymen »Ereignis« für das Subjekt selbst, gleich einem unendlichen Maß, nach dem die Weise, die Welt zu bewohnen, ihre Spaltungen, ihre Kämpfe auf die Probe zu stellen, sich anders anordnen lässt. Als Askese, als fortwährende Übung setzt der Mut nicht nur sein Vertrauen in einen ereignishaften Bruch, dessen Konsequenzen er entfaltet; er setzt sein Vertrauen bereits ins Unberechenbare, in die Mitanwesenheit des Unendlichen in jeder endlichen Ressource, das eingehegt wird durch die Entgrenzung des Kapitals, der staatlichen Hierarchien, der gesellschaftlichen Oppositionen, des Konsums, der Furcht und der Verwüstung. Indem der Mut dieses Unberechenbare zum Kompass seines Tuns nimmt, unterstützt er dessen Fortdauer und übermittelt seine Spuren. Die Subjektivierung des Muts ist also gleichzeitig hervorgerufen durch das Unvorhersehbare und beteiligt an seinem Aufkommen: Diese Verdoppelung ist ihr inhärent.

## Das Unendliche des Maßes

Die Logik des Kapitals ist bekanntlich nicht einfach eine objektive Produktionsweise, das Gesetz des Privateigentums, der räuberischen Verwertung, die auf dem Wege seiner verallgemeinerten Expansion und Konzentration vorgeht. Sie ist gleichermaßen ein Dispositiv, das unsere Subjektivitäten produziert, die darin inbegriffen sind. Damit ist die Logik der Subjektivität Gegenstand unzähliger kritischer

Reflexionen, einer anhaltenden Flut von Analysen. Ohne ins Detail zu gehen, lassen sich zwei Aporien benennen, von denen der Affekt des Muts sich an dieser Stelle abhebt.

Die erste Kritik der Subjektivität formuliert sich nicht einmal mehr wirklich als Kritik; sie identifiziert die Subjektivität vollständig mit den »üblichen« niederträchtigen Denk- und Existenzweisen des Marktes, von denen sie hervorgebracht wird, und beschränkt sie auf die Probe des Leidens und der Verletzlichkeit des Lebens oder die Aufteilung des Elends, das daraus erfolgt. Diese tautologische Sackgasse führt dazu, sich nach dem auszurichten, was zu »retten« wäre, die kapitalistische Demokratie, die libidinöse Befriedigung, das Recht der Opfer, die durch den Staat normierten individuellen »Entscheidungen«. Es ist eine an den Siegern ausgerichtete Vorstellung, um Benjamin zu paraphrasieren, die immer hohler wird, je mehr die Tektonik des Kapitals sich ausprägt. Die zweite Kritik setzt das Unendliche mit der abstrakten Entgrenzung des Marktwerts gleich; ihr Verdacht gilt dem Genießen der Subjektivität, sie pocht auf die Entfremdung des Subjekts. Damit erweist sie sich als ebenso blind für die inneren Widersprüche der Produktion und Reproduktion einer dem Kapital angepassten Subjektivität wie für die Differenzierung des Begriffs des Unendlichen selbst. Nachdem ja die Subjektivität der Entgrenzung homogen ist, wird jeder Widerstand gegen ihre erweiterte Akkumulation nur aus einer äußeren »Begrenzung« kommen können; diese ist dann entweder rein imaginär, oder sie beruft sich

autoritär auf die Figur einer authentischen Menschheit; tatsächlich kombiniert sie beides. In diesen Kri-
tiken unterscheidet die Wahrheit des Universellen
sich nicht mehr von der unerbittlichen Totalisierung,
von der ungehemmten Universalisierung, die durch
das Kapital produziert wird.

Dagegen lässt sich die Subjektivierung des Muts
nur vom Unendlichen aus erfassen, oder auch von
einer Leerstelle innerhalb des Gesetzes, und nicht
von einer als unüberschreitbar angenommenen
Erschließung der Endlichkeit; weit entfernt davon,
dass das Gesetz in der Endlichkeit nur einen Rest
anträfe, der das Fehlen seiner Kohärenz belegte,
materialisiert dieses Fehlen den Exzess der Rationalität über jedes Gesetz, die Kluft zwischen Ordnung und Unordnung, die es durchzieht, und markiert seine grundlegende Instabilität. Daher die
Fähigkeit des Mutes, das Universelle neu zu formulieren: Indem sie das Unberechenbare in einer
Abkoppelung, einer örtlichen Durchbrechung zur
Existenz bringt, stützt ihre Verdrehung des Unvorhersehbaren sich in nichts mehr auf die Rationalität, die ihr vorangeht, sondern aktiviert den
Ausfall jeglichen Maßes des Muts. Von da an bezieht
sich das Universelle auf diese Störung selbst; seine
Wahrheit erprobt sich am Verknüpfungspunkt des
Kontingenten und des Unendlichen, in den Erkun-
dungen ihres Abstands. Das bedeutet auch, dass der
Mut sich immer in Auseinandersetzung mit seiner
eigenen Asymmetrie befindet, mit der Umkehrung,
die ihm innewohnt; er kann nicht das Unendliche
des Maßes, das Gesetz als Nicht-Gesetz erproben,

das Unberechenbare auf die Probe stellen, ohne gerade dadurch Gefahr zu laufen, den Mangel jeglichen Maßes mit der Maßlosigkeit der Ordnung zu verwechseln.

Diese Gefahr des Abgleitens ist selbst irreduzibel; sie ist die Schattenseite, die den Mut zu verdunkeln droht und von der er niemals frei ist. Sobald der subjektive Exzess der Anziehungskraft der Zerstörung erliegt, sobald er beansprucht, diese zu verabsolutieren, geht er erneut in eine todbringende Heroisierung über. Die Figur der Antigone stellt die unauflösbare Dimension dieses Dilemmas heraus. Bei ihr erliegt der Exzess der Prekarität, ihre Abtrennung von der durch Kreon vorgeschriebenen Ordnung dem Sog der Selbstzerstörung, und doch auch wieder nicht – es wird diesem Exzess Mut abgewonnen. Antigone, von ihrer Angst ergriffen, wendet die Ungerechtigkeit des Gebots gegen sich selbst, nimmt deren Sinnlosigkeit auf sich, indem sie sich von Beginn des Dramas an dem Tod verschreibt, einem Tod, der wie Feuer auf die anderen Protagonisten übergeht. Antigone die Mutige, von dem Geist ergriffen, der »am mächtigsten erwacht, da wo die zweite Hälfte [des Moments] angehet« (Hölderlin),[5] das heißt, vom »Himmlischen« bzw. von den ungeschriebenen göttlichen Gesetzen, macht für alle unentscheidbar, ob es gerecht oder ungerecht ist, Polyneikes das Begräbnis zu verweigern, annulliert die Notwendigkeit des königlichen Gebots und setzt das Zeichen einer neuen Verknüpfung der Polis und des Unterirdischen. Wenn Antigone weiterhin so viel Interesse weckt, obwohl wir nicht mehr mit derselben Logik des Gebots konfrontiert sind, mit dem sie zusammenstößt, dann liegt das vielleicht gerade daran, dass ihr Mut einen unscheinbaren, aber unverzichtbaren Zug an einem Drama aufmacht, dessen übergreifendes Moment Schrecken und Angst ist. Mit dieser unerhörten Verdoppelung der Angst in Mut hat Sophokles im Herzen einer vom Tod gesättigten Tragödie eine andere Matrix des Muts entworfen als die des Heldentums.

Das Anonyme des Muts durchzieht die Subjekte, es offenbart, was der blendende Glanz des Heldentums verdunkelte: dass kein Schicksal ihnen zufällt, dass sie nichts opfern, nicht aufsteigen, sondern ihre Subjektivierung einfach mit der Kontingenz der Welt zusammenläuft, von der die Ordnung sie trennt: »[D]em Mutigen besteht die Gefahr und dennoch achtet er sie nicht. Denn er wäre feige, würde er sie achten; und bestünde sie ihm nicht – er wäre nicht mutig. Dieses seltsame Verhältnis löst sich, indem dem Mutigen selbst die Gefahr nicht droht, jedoch der Welt.«[6]

*Übersetzung aus dem Französischen*
*von Mathias Kropfitsch*

## Antigone/Hegel, Lacan. Mut oder Heldentum

Antigones Akt beschränkt sich, einfach gesagt, darauf, der Fatalität, dem Unheil (ἄτη) ihrer Abstammung gegen das von Kreon erlassene Gebot, Polyneikes ohne Begräbnis verrotten zu lassen, treu zu bleiben, indem sie den verbrecherischen Bruder bestattet. Damit hört es aber auch schon auf, einfach zu sein. Es gibt die Tragödie von Sophokles, es gibt Interpretationen, die sich in ein eigenständiges Stück Theorie oder gar einen Mythos »Antigone« verwandelt haben. So die Untersuchungen von Hölderlin, Hegel, Lacan, die ganz andere Zusammenhänge erhellen, nämlich jeweils: ein Transzendental der Zeit, die geschichtliche Gestalt der antiken Sittlichkeit, das Begehren des Analytikers.

Mir geht es in diesen Ausführungen darum, das emphatisch Heldenhafte an Antigone, wie es verschiedentlich bei Hegel und Lacan zum Ausdruck kommt, Schicht um Schicht abzutragen. Für Hegel bestimmt sich das Herausragende an ihrem Heroismus daran, dass sie, im Gegensatz zu Ödipus, im Wissen um ihr Verbrechen handelt. Nach Hegel verändert jedoch ihre Bestattung des Polyneikes keineswegs die Differenz zwischen Verbrechen und Gesetz in der Sphäre der Polis. Dieses Handeln bewirkt nur die unvermeidliche Wiederkehr des Privatzweckes, der Familie inmitten des allgemeinen Zweckes. Somit setzt sich das Weibliche in einer »ewigen Ironie der Gemeinschaft«, einer Negativität fest, die fortwährend auf das Gelten und Vergelten des Einzelnen beschränkt bleibt.

Für Lacan ist Antigone als Einzige die Heldin; er verkürzt willentlich das Drama von Sophokles auf ihre Person, hebt ihre »erhabene Schönheit« heraus, von der wir verblendet sind. Wir erfahren ihren Glanz, sie verkörpert das negative Bild eines unbedingten Begehrens, dem Los ihrer Abstammung gerecht zu werden. An dieses reicht der einfache Tod nicht heran. Laut Lacan schafft die Tragödie des Sophokles den Schauplatz für ein Zwischen-zwei-Toden, sie eröffnet ein Spannungsfeld zwischen einem Todeshorizont jenseits der Fatalität und dem natürlichen Tod. Damit konzentriert er das Drama auf die Grenzüberschreitung der Heldin. Die Unnachgiebigkeit von Antigone, der an das Jenseits gerichtete Akt, wird zum Kern der Tragödie.

Welches Anliegen steckt in dem Versuch, das Heldenhafte abzutragen? Als Erstes lohnt es daran zu erinnern, dass für die Griechen die Form der Tragödie eine Zersetzung des Heroentums meint, während die Moderne eine Kontinuität von Heldischem und Tragischem herstellt. Dagegen wird hier eine andere Hypothese erprobt: Das Heldenhafte, ironisch oder glänzend, versperrt den Zugang zum Unbedingten, weil in ihm dieses Unbedingte immer einer scheinbar transzendenten Ausnahme verhaftet bleibt, zum Nachteil jedweder Hinwendung. Das Heldenhafte abtragen heißt somit, die Fähigkeit zur Einsamkeit, die den Heldenmut charakterisiert, umzuinterpretieren. Was die Mutige riskiert, ist nicht in erster Linie das Eigene, ihren Tod, sondern eine Auflösung der ihr zugewiesenen Koordinate; ihr Wagnis ist das eines »ungebundenen« Sprechens und Tuns. Sie adressiert ein Unerhörtes und riskiert damit die Trennung. Was die Mutige aufdeckt, ist ein kollektives Unwissen um das Ganze, um die Welt, durch ein Risiko, das sie alleine eingeht. Dieser direkte Bezug auf einen Konflikt der Welten wirft ein neues Licht auf die Ansätze von Lacan und Hegel.

Das unbedingte Begehren Antigones, das Lacan beschäftigt, ist nicht im erhabenen Glanz, sondern in seinem glanzlosen Schatten zu suchen. Denn dieses reine Begehren fungiert eben nicht als eine allerletzte Grenze, an die all unser Trachten und Streben stößt, sondern bildet das Reale dieses Trachtens und Strebens selbst, sein immanentes Leben, das, worauf wir nicht bereit sind zu verzichten. Unbedingtheit ist nicht jenseits, sondern an den Sackgassen und irreduziblen Verstrickungen im Kontingenten selbst zu entdecken, in den Symptomen, wo es als Störenfried wirkt. Das gilt auch für Antigone. Sie wird durch das Begehren, ihrem Bruder treu zu bleiben, konstituiert, aber sie ist von diesem Beweggrund auch affiziert, von ihrem »Mitlieben« (συμφιλεῖν) getragen. Gerade dieses Selbstständige an ihr wirkt als Störenfried in einer Polis, die Kreon auf Machtverwaltung reduziert hat.

Auch die »ewige Ironie« gilt es umzudenken. Antigones Wissen ist nicht, wie Hegel es behauptet, ein »vorheriges« Wissen des bewusstlosen Moments der Sitte, das negative Wissen darum, ein Verbrechen an einem anderen Gesetz zu begehen. Aus Hegel'scher Perspektive ist die Umsetzung dieses Wissens eine feindliche Rückkehr des Inneren, im Sinne einer widersprüchlichen Verkehrung des Weiblichen gegen den Ausschluss, den die Allgemeinheit der Polis an ihr vornimmt. Doch das bewusstlose Wissen von Antigone ist genau kein solches Wissen um die Identität des Weiblichen mit der Familie, mit dem Gesetz der Einzelnheit. Das »Bewusstlose« an diesem Wissen ist vielmehr das Auseinanderreißen dieser Koinzidenz, eine zusätzliche Tat, welche die Unnatürlichkeit der Geschlechterverteilung zum Vorschein bringt. Das von Antigone vollbrachte Missverständnis der Geschlechter hebelt die Dialektik ihrer Komplementarität unwiederbringlich aus.

Ausgehend von diesen Aporien wird hier die Relation vom Bedingten zum Unbedingten anders lokalisiert, sowohl topologisch als auch zeitlich. Die Daimone, die die Umwege zeigen, heißen Benjamin und Hölderlin. Sie weichen von der Ethik in eine politische Geografie ab. Die Interpretation befasst sich philosophisch mit dem sophokleischen Drama, mit den unweigerlich darin vorhandenen Mängeln. Aus Stückwerk und Teilen also ist dieses Konstrukt, das sich unzeitgemäß, »modern« zum Griechischen verhält.

## Lacan

Dass Lacans Kommentar zu Antigone im Seminar 1959–1960 aporetisch ist, sowohl in Hinsicht auf das Drama wie in Bezug auf die Ethik der Psychoanalyse, ist verschiedentlich vermerkt worden.[1] Es gibt zwei Auseinandersetzungen – eine mit der Tragödie selbst, eine mit der Ethik der Psychoanalyse –, die sich mehrfach überschneiden. Ich erinnere kurz an die zweite, insofern sie für die erste von Bedeutung ist.

In seinem Buch *Die Puppe und der Zwerg* bemerkt Slavoj Žižek, dass dieses Seminar – weit davon entfernt, DAS Seminar zu sein – *Die Ethik der Psychoanalyse* gefährlich nahe an eine gängige »Passion des Realen« rückt.[2] Die aus der Tragödie abgeleitete Aufforderung, »in seinem eigenen Begehren nicht nachzulassen«, verwandelt tendenziell das Begehren zurück in einen Imperativ. Weiter spaltet die Hervorhebung der Reinheit des Begehrens dieses von seinem immanenten Verhältnis zum Versagen ab. Doch Begehren ist überhaupt nur als Rückkehr aus einem vorhergegangenen Ausfall, einer forcierten Wahl, zu denken, also nur im Register einer Erfahrung, an der Schuld und Feigheit teilhaben. Diese Kritik ist öfters von Psychoanalytikern formuliert worden, unter anderem von Pierre Bruno und Geneviève Morel.[3] Sie wird nicht zuletzt von Lacan selbst geübt. Die Entwicklungen seiner Lehre zeigen, dass eine Topologie des reinen Begehrens nicht ausreicht, um das Anliegen der analytischen Erfahrung zu begreifen; ohne den Bezug auf die symptomatische Kontingenz ist dieses Begehren gar nicht erfassbar.

Hinsichtlich der Tragödie als solcher haben aus verschiedener Perspektive Jean Bollack, Nicole Loraux und Françoise Duroux bemerkt, dass die Antigone Lacans eine Antigone ohne Theater ist.[4] Wohl ist der Tod der Horizont; das Gebot Kreons, den Bruder unbestattet zu lassen, versetzt Antigones Treue zu ihm von vornherein in eine andere Welt. Aber, um mit Hölderlin zu sprechen, ist doch zu fragen, wie diese andere Welt in die Polis hineinstürmt, nicht, wie die Unnachgiebigkeit Antigones aus ihr hinausführt. Es geht in einer Tragödie ja nicht nur darum, was den Protagonisten geschieht, sondern um das, was dem Zusammenhang der Tragödie selbst zustößt. Aus dieser Perspektive spürt das Drama von Sophokles einer Lücke zwischen zwei Gesetzen nach, dem der Abstammung und dem der Polis, die gegenläufig eine Schnittstelle erzeugen, an der die geordnete Verknüpfung von Tod und Leben zerbricht. Wie oft bemerkt wurde, ist das Spezifische an dieser Tragödie, dass es keine Entwicklung gibt, dass das Ende gleich am Anfang steht. Folgt man dem Drama in seinem Verlauf, so zieht Antigones Entschluss unweigerlich andere Tode in ihren eigenen hinein. Geht man aber von der dramatischen Umkehr aus, so treten die selbständigeren Teile, die dialogischen Gruppierungen, die abweichenden Züge hervor, die den Verlauf ausbremsen. Das zur Intrige Gegenläufige, das darin Verpasste wird spürbar.

Antigones Unnachgiebigkeit bildet nicht einfach einen exzentrischen Schauplatz. Dass sie die Ordnung aufbricht, bedrängt die Polis. Zu erkunden sind die Grenzverschiebungen, die Missverständnisse, die ihre »Insurrektion« (Hölderlin) nach sich zieht. Betont man die Eile Antigones, so kann ihre Weigerung, den verbrecherischen Bruder aufzugeben, als Symptom befragt werden: Welche verpasste Möglichkeit erzeugt ihr Tun, welche Heterogenität durchzieht die polemische, männliche Fügung der Polis?

Lacan vermerkt diese Problemstellung in seinen Ausführungen folgendermaßen:

> Das aus der inzestuösen Vereinigung entstandene Geschlecht hat sich in zwei Brüder gespalten, deren einer die Macht, deren anderer das Verbrechen repräsentiert. Es gibt niemanden, der das Verbrechen und die Geltung des Verbrechens auf sich nehmen könnte, außer Antigone. Zwischen beiden wählt Antigone und sie wählt, rein und einfach Hüterin des Seins des Verbrechers zu sein. Zweifellos hätten die Dinge an ein Ende kommen können, wenn der Gesellschaftskörper [*corps social*] bereit gewesen wäre, zu verzeihen, zu vergessen, und alles mit den gleichen Ehren der Bestattung zu bedecken. In eben dem Maße jedoch, als die Gemeinschaft sich dem verweigert, muß Antigone ihr Sein opfern, um dieses wesentliche Sein zu behaupten, das die familiäre ἄτη ist – das Motiv, die Achse, um die sich die ganze Tragödie dreht.[5]

Antigones Entschluss ist wohl vorerst vom Objekt ihres Begehrens aus zu denken – die Bestattung des

Bruders –, aber er beschwört nichtsdestotrotz eine Gefahr herauf, die nicht nur die Labdakiden angeht, sondern die Polis selbst. Mut, so schreibt Benjamin,

> ist Hingabe an die Gefahr, welche die Welt bedroht […]: dem Mutigen besteht die Gefahr und dennoch achtet er sie nicht. Denn er wäre feige, würde er sie achten; und bestünde sie ihm nicht – er wäre nicht mutig. Dieses seltsame Verhältnis löst sich, indem dem Mutigen selbst die Gefahr nicht droht, jedoch der Welt. Mut ist das Lebensgefühl des Menschen, der sich der Gefahr preisgibt, sie dadurch in seinem Tod zur Gefahr der Welt erweitert und überwindet zugleich.[6]

Was passiert, wenn man diesen Gedanken als Kompass nutzt?

### Drama und Politik

Der dramatische Vorgang schließt zwei Ebenen in seinen Zusammenhang ein. Antigones Ungehorsam antwortet auf eine Vereinnahmung des tödlichen Reiches von Kreon. Seine Herrschaft, bemüht um Feind und Freund, um die Verwaltung der Polis, mündet in die Anmaßung, den Feind ein zweites Mal zu töten, ihm den Übertritt in das Reich der Verstorbenen zu verwehren. Antigone bestattet Polyneikes, und zur Rechenschaft gezogen beruft sie sich auf »ungeschriebene Gesetze«.

Kr.: Und hast gewagt, dieses Gesetz zu übertreten?
Ant.: Es war Zeus nicht, der mir dies ausgerufen, /
Noch sie, die mitwohnt bei den unteren Göttern,
Dike, / Die beide dies Gesetz den Menschen auf-
gestellt.[7]

Und weiter:

Ant.: Hades erfordert einmal diese Bräuche.
Kr.: Der Rechte aber nicht die gleichen wie der
Schlechte!
Ant.: Wer weiß, ob dies dort unten heilige Regel ist?
Kr.: Der Feind wird nie, auch nicht im Tod, zum
Freund.
Ant.: Aber nicht mithassen, mitlieben muss ich![8]

Objekt von Begehren und Zwietracht: In der Bestattung von Polyneikes geht es um die Verknüpfung
von *Dike* (das Gesetz in Bezug auf die Gerechtigkeit
der unterirdischen Götter) und *Nomoi* (das Gesetz in
Bezug auf die menschlichen Gebote der Polis). Soll die
Treue zu dem Verstorbenen teilhaben an den Geboten
der Polis, oder sollen diese einzig vom Unterschied
zwischen Feind und Freund bestimmt werden? Damit
zeigt sich, dass die Verbundenheit mit dem verbrecherischen Bruder genau da zur Sache Antigones wird,
wo auch die Polis selbst zum Gegenstand eines Miss-
verständnisses wird. Die hier angewandte Methode
verlangt, von Anfang an von dieser Verknüpfung auszugehen, um Einsicht in ihre Fügung zu gewinnen.
  Durch den Akt der Bestattung bricht in den dramatischen Schauplatz eine Fremdheit ein, die in

einem Zug sowohl die Identität von Machtverwaltung und Politik zerstört als auch die Zuweisung des Weiblichen an die Familie widerruft. Nichts bleibt davon unberührt, weder das vermeintlich naturgebundene Unterirdische noch das Konflikthafte und Kriegerische der Polis.

## Hegel

In Hegels Interpretation tritt diese doppelte Entgrenzung als aporetischer Gehalt zutage. Hegels Auffassung entspricht, wie man weiß, der ursprünglichen konservativen Interpretation der antiken Tragödie. Er nimmt zwei Sphären – die der Familie und die der Polis – und verteilt sie an Mann und Frau. Für Hegel geht es nirgends um das Maßlose, sondern um Recht gegen Recht, wobei doch evident bleibt, dass beide Figuren (Antigone und Kreon) sich an kein Maß halten, und die Tragödie insgesamt eine Aushebelung des Maßes darstellt. Das hat Goethe, später auch Erwin Rhode, ungeheuer irritiert: Wo soll hier der Ausgleich sein? Man sollte aber Hegels Interpretation nicht allzu schnell abtun. Die sexuelle Differenz in der Form, wie Hegel ihre Aufteilung an der Tragödie vornimmt, beschreibt genau den Zustand, dessen Ordnung die Handlung Antigones aus den Angeln hebt. Somit kann sie hier zur Formulierung des Ausgangspunkts dienen.

Bei Hegel ist die sittliche Gestalt der Antike eine historische Gestalt des Geistes. In dieser Sittlichkeit bekommt die Natürlichkeit beider Geschlechter eine rationale Bedeutung. An meiner Weiblichkeit oder Männlichkeit verwirkliche ich meinen Anteil am Allgemeinen, am Gemeinsamen. Indem ich einem dieser Teile angehöre, z. B. Frau, verkörpere ich als solche die Totalität selbst. Doch birgt diese Symmetrie eine drastische Asymmetrie. Die rationale Bestimmung dieser natürlichen Wesenheiten besteht nämlich darin, eine Unterteilung in Rationalität und Physis vorzunehmen.

Der Mann wird zum Individuum, weil er zum Bürger wird und sich damit aus seiner Natürlichkeit befreit. Diese Lossagung wird im Verhältnis zum Eros folgendermaßen beschrieben:

> [D]ahingegen in dem Manne diese beiden Seiten (das Einzelne und das Allgemeine der Lust) auseinandertreten, und indem er als Bürger die *selbstbewußte* Kraft der *Allgemeinheit* besitzt, erkauft er *sich* dadurch das Recht der *Begierde* und erhält sich zugleich die Freiheit von derselben.[9]

Das Natürliche des Geschlechts ist ihm zur Begierde geworden, in dem die Allgemeinheit vereinzelt in die Subjektivität eintritt, genau wie seine anderen Taten auch. Das Sittliche subordiniert sich das Natürliche, somit tritt menschliche Begierde an die Stelle natürlicher Indifferenz des Geschlechtes.

Bei der Frau wiederum erfolgt dies nicht. Die Rationalität der Einzelnheit von Mutter und Gattin ist teils [...] etwas Natürliches, das der Lust angehört, teils [...] etwas Negatives, das nur sein Verschwinden darin erblickt; teils ist sie eben darum etwas Zufälliges, das durch eine andere ersetzt werden kann. Im Hause der Sittlichkeit ist es nicht *dieser* Mann, nicht *dieses* Kind, *sondern ein Mann, Kinder überhaupt,* – nicht die Empfindung, sondern das Allgemeine, worauf die Verhältnisse des Weibes sich gründen.[10]

Kurzum: Das Weib klebt an der Allgemeinheit ihrer geschlechtlichen und reproduzierenden Funktion, die in sich zu keiner Subjektwerdung führt, sondern den unterirdischen, göttlichen Gegenpart des menschlichen Reiches der Gesetze darstellt. Sie ist der Macht der Physis verpflichtet, wo der Mann ihr entrinnt.

Für Hegel gilt die Durchdringung dieser Momente als eine gegenseitige Bewährung.

Das eine Extrem, der allgemeine sich bewußte Geist von sittlicher Rationalität, wird mit seinem anderen Extrem, seiner Kraft und seinem Element, mit dem *bewußtlosen* Geiste, durch die *Individualität des Mannes* zusammengeschlossen. Dagegen hat das *göttliche* Gesetz seine Individualisierung oder der *bewußtlose* Geist des Einzelnen sein Dasein an dem Weibe, durch welches als *Mitte* er aus seiner Unwirklichkeit in die Wirklichkeit, aus dem Unwissenden und Ungewußten in das bewußte Reich herauftritt.[11]

Diese gegenseitige Bewährung ist dezidiert hierarchisch. Das Ganze der Sittlichkeit bildet eine gemeinsame Rationalität, die ihren weiblichen Teil von vornherein aus den Prozeduren dieser Allgemeinheit ausschließt. Der Index der Komplementarität verurteilt sie dazu, in keiner Weise in die Rationalität eingreifen zu können, die sie auf eine bestimmte, nämlich naturalisierte, stumme Stellung in ihr festschreibt. Das trifft insgesamt auf jede Rationalität zu, die sich auf vermeintlich gegenseitige Bewährung, oder Ergänzung, beruft. Alsbald kommt unwiderstehlich die Frage hoch: Und welcher Teil dieser ergänzenden Zusammenstellung des Rationalen bestimmt, wie die Teile sich zu ergänzen haben?

Das Komplementäre der Hegel'schen Sittlichkeit beruht logisch auf einer Naturalisierung der sexuellen Differenz. Das Weib nimmt an dem rationalen Leben des Bürgertums nur insofern teil, als es aus seiner Rationalität ausgeschlossen ist, als es das Bewusstlose, Unterirdische an ihr begründet. Die Frau bezieht ihre Stellung in den Konflikten der Polis daraus, dass sie in ihnen kein Sagen hat. Diese finden unter Männern statt, sie sind homosexuell geprägt.

Ich gehe hier nicht weiter auf die inneren Ungereimtheiten der Hegel'schen Interpretation ein. Ich begnüge mich damit, den von Hegel umrissenen Rahmen als aporetische Problemstellung zu übernehmen.

### Die tragische Umkehr

Ich beginne also mit der Einsicht, dass der sittliche Geist, den Hegel umreißt, nicht einer dialektischen Komplementarität entspricht, sondern einer Hierarchie der Geschlechter, die als monotone, opake Bedingung ihrer Differenz waltet. Die topografische Ordnung von Familie und Bürgertum besteht darin, dass der Mann sich in den politischen Geboten das »Recht auf Begierde« damit erkauft, dass es der Frau verwehrt wird; die Frau wird geradezu in ihrer Unfähigkeit zum Streit verortet. Sie ist in Bezug auf die politischen Gebote, die sie betreffen, stumm.

Wohl gibt es eine Figur im Drama, die diesem Ausschluss zustimmt, diese Aufteilung übernimmt, nämlich Ismene. Somit enthält die einleitende Szene des Dramas eine direkte Indikation hinsichtlich der Absonderung Antigones. Ihre Treue gegenüber der Fatalität der Labdakiden, ihr Akt, ihre sprachliche Kundgebung dieses Aktes spaltet das Gesetz der Verwandtschaft genau in dem Maße, in dem sie den natürlichen, weiblichen Gehorsam Ismenes zur Schande erklärt. Keineswegs also verkörpert Antigone das bewusstlos Natürliche des weiblichen Trauerns, noch repräsentiert ihre Stimme das Weibliche gegenüber der Polis. Nicht um eine Sache, die allen Frauen schon gemeinsam wäre, geht es ihr, sondern um eine Sache, die sie direkt von Ismene trennt. Antigones Treue spaltet eine Blutsverwandtschaft, die selbst widernatürlich ist. Sie verortet sich nicht einfach in einem übernommenen Gesetz von Verwandtschaft, sie entfremdet dieses. Keine

Sororität also, sondern der Entschluss, für eine abwesende, doch notwendige Solidarität einzustehen, die man als eine Umdeutung des Politischen selbst antizipieren kann.

Das Gebot schreibt vor, dass Frauen jenseits der Politik dem Trauern zugeordnet sind, während Kreon allen befiehlt, dem politischen Feind keine Bestattung zu gewähren. Demzufolge kann Antigone dem toten, verbrecherischen Bruder nur beistehen, indem sie die Grenze, die ihr gesetzt ist, überschreitet. Zum einen, wie unweigerlich betont wird, verlieren für sie alle anderen Bindungen als die zum Bruder ihre Bedeutung. Des Weiteren platzen ihre unaufgeforderten und unerwarteten Einsprüche in die Sphäre der Polis hinein, in der es für ein solches Tun keinen Platz gibt. Die Bestattung des Verbrechers Polyneikes kehrt gegenläufig das Verhältnis der Sphären um: Sie macht aus dem weiblichen Trauern eine unnatürliche Sache der Polis. Ihre Treue zum Bruder kommt dazwischen, verstrickt unentwirrbar die jeweilige Ein- und Ausgrenzung, bringt die geordneten Zusammenhänge von Freund, Feind und Frau durcheinander.

Das »Ungeheure« an Antigone sieht man deutlich im spezifischen Widerwillen, den ihre Tat bei Kreon auslöst, sowie im Streit zwischen Haimon und Kreon. Letzerem ist nicht nur die Anmaßung gegen seine Herrschaft widerwärtig, sondern die Tatsache, dass der Ungehorsam von einer Frau vollzogen wird.

Kr.: Der Feind wird nie, auch nicht im Tod, zum Freund!
Ant.: Aber nicht mithassen, mitlieben muss ich [συμφιλεῖν]!
Kr.: So geh hinunter, wenn du lieben musst, und liebe / Die Unten! – Mir, in meinem Leben, herrscht kein Weib![12]

Wieder Kreon:

Nachdem sie es getan, ist dies die zweite, / Daß sie sich rühmt, daß sie's getan, und lacht! / Wahrhaftig! da bin ich kein Mann, nein, sie der Mann, / Wenn man ihr straflos hier die Oberhand beließe.[13]

Ständig grollt Kreon, dass eine Frau doch keine Stimme haben soll, sobald Antigone sich einmischt. Die Herrschaft Kreons ist patriarchalisch und tyrannisch in einem, und gerade diese Deckungsgleichheit wird durch die Einsprüche Antigones ausgehebelt. Ihre Grenzüberschreitung bewirkt eine Durchdringung der Territorien und Schranken; sie erzeugt eine Notwendigkeit ohne mögliche Lösung, die Notwendigkeit, Mitliebe (συμφιλεῖν) und Kampf (πόλεμος) anders ineinanderzufügen. Gemeint ist damit keine politische Änderung, sondern eine Detotalisierung der Politik, ihre Anknüpfung an das Unpolitisierbare, und somit an ihre Unabgeschlossenheit, um Benjamins Vokabular zu gebrauchen.

Auch das Sprachgefecht des Dramas gewinnt in dieser Perspektive einen anderen Sinn. Die Bestattung des Bruders wird gegenüber Kreon mit einer

Berufung auf Zeus behauptet, aber der Akt des Begrabens, das Unausgesprochene an ihm deutet auf einen Versuch hin, dem Sprachraum etwas Unerhörtes abzugewinnen, einen neuen Ort in ihm zu materialisieren. Davon bezeugt ihr vogelmäßiges Stammeln. Ich zitiere den Wachtmann:

Steht da dies Mädchen und weint jämmerlich
Mit eines Vogels scharfem Laut, der bitter trauert,
Wenn er im leeren Neste von den Jungen
Verwaist das Lager sieht.[14]

In diesem Zusammenhang fungiert die Inanspruchnahme des unterirdischen Gesetzes als Stütze, nicht als Begründung. Dieser seltsame, unfassbare Aspekt des Gesetzmäßigen wird im Übrigen von der blasphemischen Wendung in Hölderlins Übersetzung unterstrichen: »Mein Zeus berichtete es mir nicht.«

Zum einen ist Antigones Insurrektion Brennpunkt der Konflikte, vom tragischen Zusammenhang entfacht, zum anderen kann ihre Einsamkeit kaum als leerer Mittelpunkt, in gleicher Distanz zu allen anderen Protagonisten, erfasst werden. Dass für Antigone alles außer der Bestattung von Polyneikes an Bedeutung verliert, sagt nichts über die Ferne oder die Nähe zu ihr aus. Die Auseinandersetzung von Haimon und Kreon erprobt diese Differenz; in ihr zeigt sich, ohne Lösung, die oben erwähnte Unabgeschlossenheit.

Ihr Streit verortet höchst paradox die verpasste Möglichkeit eines anderen Ausgangs des Dramas, denn er bringt die Tilgung dieser Möglichkeit zum

Ausdruck, bevor Antigone zu ihrem eigenen Grab geführt wird. Haimon versucht, eine furchtbare Ungerechtigkeit aufzuhalten, da sie noch nicht in die Tat umgesetzt worden ist: Sein bremsender Appell, sein Plädoyer für einen Widerruf scheitert. Was hier fehlschlägt, kann nur zeitlich gedacht werden: Es scheitert die Vertagung von Ungerechtigkeit.

Es ist öfters bemerkt worden, dass Haimon nie seine Liebe zu Antigone zur Sprache bringt.[15] Vielleicht ist es aber wichtiger festzustellen, dass Haimon derjenige ist, der ein Ohr für das hat, was Antigone sagt und tut, der ihren Bruch mit der Polis übernimmt und erweitert. Oder, um es mit Lacan zu sagen: Antigone ist alleine, aber sie ist nicht die Einzige. Genau an dieser Stelle erweist sich ein Bruch im tragischen Zusammenhang selbst, der auf eine Schwelle zu seinem Draußen verweist. Was im Handlungsverlauf geschieht und was das Drama zeigt, ist nicht dasselbe. Der Akt Antigones wirkt teils im einsamen Glanz, teils in einem von ihm geworfenen, glanzlosen Schatten: in der Tatsache, dass ihr Glanz Haimon erreicht hat, von ihm weitergetragen wurde. Antigone kann von diesem Schatten nichts wissen, sonst wäre ihr Entschluss nicht einsam, tragisch. Aber das Drama präsentiert beides, den Glanz und den Schatten.

Es gibt im Streit zwischen Haimon und Kreon eine bemerkenswerte Stelle. Haimon versucht verschiedentlich, den Vater von dem Mord an der jungen Frau abzubringen. Wo Kreon ihn auf die Parteinahme für Antigone festlegen will, kehrt seine Antwort die Lage um.

Kr.: Der Mensch da, scheint es, hält es mit dem Weibe!

Hai.: Wenn du das Weib bist. Dir gilt meine Sorge.[16]

Haimon wird zum Verfechter der Polis, indem er zugleich Verfechter der Braut und des Vaters gegen den Vater wird. Dass es ihm sowohl um den Vater als auch um das Gerechte zu tun ist, kann er nur ausdrücken, indem er Kreon selbst in die Absonderung des Weiblichen einbezieht, ihn ins Weibliche übersiedelt. Mit dieser seltsamen Rückwendung wird eine unbegreifliche Erfahrungskluft ins Spiel gebracht, was das Verhältnis von Mann und Frau betrifft. Der Vater wird selbst in diese Kluft eingeschlossen, was ihm die Einsicht vermitteln soll, der Ungerechtigkeit seines Gebots innezuwerden. Erst die stumpfe, tyrannische Abweisung Kreons verleitet zuletzt den Sohn zum Ausruf:

Wärst du nicht der Vater, ich sagte, du bist nicht bei Sinnen![17]

Diese erste Verdrehung wird durch eine weitere ergänzt. Kreon beschuldigt seinen Sohn der Parteinahme, worauf dieser antwortet, dass der Gehorsam gegenüber den staatlichen Geboten »dir wie mir wie auch den Göttern drunten«[18] zuliebe geschieht. Die Gebote können nicht eingehalten werden, ohne sie zu erweitern. Für Antigone sprechen bedeutet nicht, sie abzusondern, sondern auch für die anderen zu sprechen. Der Streit ist ein Widerhall der abwechselnden Plädoyers für Antigone: das von Ismene, das von Haimon selbst, schließlich das von Teiresias. Jedes nennt verschiedentlich das Missverständnis ihres Aktes, und in der Reihung gewinnen sie mehr und mehr an Gewalt. Ismene, die Unterworfene, erinnert Kreon an die Liebe seines Sohns zu ihrer Schwester, Haimon mahnt die Vernunft des Vaters an und fordert ihn auf, von seiner Tyrannei Abstand zu nehmen. Schließlich beschreibt Teiresias das Unglück, das den Staat und sein Herrscherhaus heimsuchen wird. In seiner Abfolge führt dieses Crescendo zum Sturz, in dem der Tod des Sohnes und dessen Mutter die Niederlage Kreons zum Ausdruck bringen. Der Dialog von Kreon und Haimon findet in diesem Rahmen statt, ohne ganz darin aufzugehen. Indem er parataktisch das eins für eins – für Antigone, für mich, für dich, für die Götter unten – ausbuchstabiert, gegen die Verbissenheit des Vaters, antizipiert Haimon den Untergang der alten Ordnungen, nicht im Sinne der tyrannischen Katastrophe, sondern im Sinne ihrer Übertragung in eine andere Fügung, nämlich die, auf die Antigone sich weigert zu verzichten. Diese Fügung eines anderen Lebens ist also nicht nur das immer schon verlorene »eigene« Leben Antigones, worüber sie in ihrer berühmten, abschließenden Klage trauert. Das andere Leben zeichnet sich bereits inmitten des Streits zwischen Haimon und Kreon ab. In ihrem von Missverständnissen geprägten Dialog kommt die Antizipation der Koordinate einer anderen Welt zur Darstellung; der tragische Konflikt erweitert sich, wie oben erwähnt, zu einem Konflikt der Welten, der den Rahmen der Polis sprengt.

So sehen wir, die wir dem Drama beiwohnen, eine zeitlich gegliederte Abfolge: erst eine Umdeutung der Polis, hervorgerufen von dem ungeheuren Wagnis Antigones, dann das Scheitern der aufgezeigten Möglichkeit, zuletzt die Einsamkeit ihres unnachgiebigen Begehrens und schließlich das grausame Schicksal Kreons, das auch ihn zu einer tragischen Figur macht.

Antigones Wagnis drückt sich aus in all den Vorkommnissen, Bemühungen, Streitigkeiten, auf die ihre Unnachgiebigkeit stößt. Immer wieder, von Lukács bis Lacan, wird betont, dass alles für sie an Bedeutung verliert gegenüber diesem einen Unbedingten. Aber was ist denn überhaupt dieses »eine«? Verhält sich die Unnachgiebigkeit Antigones in der Tragödie nicht eher invers zu allen Elementen? Ihr Begehren erstreckt sich über eine Kette von Bedeutungen: nicht ihre eigene Geburt zu verraten; dem Verbrecher Polyneikes in seiner Einzelnheit eine Bestattung zu gewähren; der Ungerechtigkeit der Polis mit göttlicher Gerechtigkeit zu begegnen; eine unerhörte, gemeinsame Sprache dafür zu suchen, den Verlust ihres eigenen Lebens zu besingen.

Der einfache Tod reicht an Antigones unbedingtes Begehren nicht heran. Nicht weil dieses Unbedingte von vornherein als reines zu bezeichnen wäre, sondern weil das Rätselhafte an ihm in all seinen ausgetragenen Verstrickungen und Bedeutungen erhalten bleibt. Nicht das Erhabene Antigones blendet uns, Stückwerk und Teile springen uns an, als wären sie das Ganze.

## Der Mut, auch einmal auf dem Kopf zu gehen.
## Unordnungen in der Dialektik

*Ich stellte mir vor, einen Autor von hinten*
*zu nehmen und ihm ein Kind zu machen,*
*das seines, aber trotzdem monströs wäre.*
*Daß es wirklich seins war, ist sehr wichtig,*
*denn der Autor mußte tatsächlich all das sagen,*
*was ich ihn sagen ließ. Aber daß das Kind monströs war,*
*war ebenfalls notwendig, denn man mußte durch alle*
*Arten von Dezentrierungen, Verschiebungen,*
*Brüchen, versteckten Äußerungen hindurchgehen,*
*was mir nicht wenig Spaß bereitet hat.*[1]

Gilles Deleuze

Im Ansatz des dialektischen Verhältnisses von Herrschaft und Knechtschaft deutet sich ein Mut an, der
keine Autonomie herausbildet, sondern die Knechtschaft in sich spaltet und die Unvollständigkeit dieser Dialektik ins Spiel bringt. So wie es hier versucht
wird, mag dieses Unternehmen an der Grenze zum
Absurden zu stehen scheinen, zumal ein solcher Mut
in der entscheidenden Reflexion über die Entstehung
dieses Verhältnisses, d. h. der von G. W. F. Hegel im
Abschnitt »Herrschaft und Knechtschaft« der *Phäno-*
*menologie des Geistes* vorgelegten, vollkommen
abwesend ist. Vielleicht ist es, um diese Perspektive
zu stützen, nötig, anders an die Sache heranzuge-

hen, indem die Frage verkehrt herum gestellt wird. Wie kommt es, dass bei Hegel eine dem Kampf, der Anknüpfung ans Leben oder der Ablösung davon gewidmete Gestalt des Selbstbewusstseins nicht im Geringsten auf die Unordnung hindeutet, die deren Korrelation befällt? Kann die Knechtschaft sich tatsächlich darauf beschränken, das andere der Herrschaft zu sein, darauf hinarbeiten, ihre verlorene Beherrschung wiederzuerlangen, ohne jemals mit ihrer eigenen knechtischen Bestimmung in Widerspruch zu geraten; ohne jemals auf die Haltlosigkeit ihrer Notwendigkeit zu stoßen?

Der berühmte Abschnitt der *Phänomenologie des Geistes*, welcher der Beherrschung und der Knechtung gewidmet ist, präsentiert die Konfrontation des Selbstbewusstseins von Herr und Knecht in einer besonders durchtriebenen Gestalt. Die darin entfalteten Übergänge scheinen oft genauso viel vom Argument des Freud'schen Kessels aufzuweisen wie von einer Entwicklung in Widersprüchen.[2] Nennen wir einige davon: Die wechselseitige Verdopplung des jeweiligen Selbstbewusstseins soll Anlass geben zur disymmetrischen Konfrontation zwischen einer Anhänglichkeit ans Leben und einer Ablösung davon, ohne dass man jemals wüsste, woher ihr Ungleichgewicht rührt; der Kampf des einen Selbstbewusstseins mit dem anderen ist ein Kampf auf Leben und Tod, der in keinem Tod resultieren darf, da er sonst in der Natürlichkeit gefangen bliebe, deren Überschreitung er ist; endlich soll die tödliche Konfrontation die Konstituierung des Selbstbewusstseins durch die Anerkennung des anderen beschreiben, während einzig das Vorauslaufen einer instituierten allgemeinen Anerkennung es ermöglicht, dass die Konfrontation etwas anderes sei als diese Sackgasse der natürlichen Gewalt, worin das knechtische und herrische Bewusstsein sich bis zum Ende bekämpfen. Diese Mäander werden noch undurchsichtiger, wenn man bemerkt, dass an keiner Stelle von Mut die Rede ist, obgleich der Kampf doch zwischen Unterwerfung und Souveränität entscheidet. Zur Krönung des Ganzen kann diese Verdopplung der Momente der Herrschaft und der Knechtschaft – dazu bestimmt, die Gesellschaftlichkeit einzuleiten – sowohl beiden Ausformungen des Selbstbewusstseins in Rechnung gestellt werden als auch der Teilung innerhalb eines einzelnen.

In Hegels Wortlaut lässt sich die Abwesenheit des Muts einfach beschreiben: Das Selbstbewusstsein, das Beherrschung wird, hat zwar ein Wagnis auf sich genommen, aber es hat nur die Furcht vor dem natürlichen Tod überwunden, ohne durch ihre absolute Negativität hindurchzugehen, während das Selbstbewusstsein, das Dienst wird, der Furcht nachgibt. Zwar geht diese im Gegensatz zur Beherrschung der Furcht, die der Herrschaft eigen ist, durch ihre Natürlichkeit hindurch und annulliert sie; das zweite Selbstbewusstsein erschauert durch das Nichts nicht nur seines eigenen Lebens, sondern aller Endlichkeit. Daher die Bezeichnung dieser Furcht: Sie ist das »Erzittern« vor dem absoluten Herrn oder auch das absolute »Flüssigwerden«. Aber ihre Wirkung gilt ausschließlich als *Movens* der Verkettung der Widersprüche. Die Wahl, am Leben zu bleiben, erfasst von der Nichtigkeit allen Lebens, wandelt ihre Begierde in Dienst um.

Von dieser Abfolge könnte gesagt werden, dass sie ihre Kohärenz daraus zieht, »zu schnell« über dieses absolute Erzittern hinwegzugehen. Hegel selbst besteht explizit auf der Notwendigkeit zu verketten. Der Verlust seiner selbst wird nachdrücklich der allgemeinen Ordnung der Gesellschaftlichkeit angerechnet, der Anordnung, dass die Knechtschaft ihren Mangel an Selbständigkeit auf sich nehme. Dass die absolute Negativität ebenso die Auflösung dieser Ordnung enthält, dass sie nachdrücklich die Prekarität des Allgemeinen bewirken kann, wird nicht expliziert. Selbstverständlich lässt sich argumentieren, dass die Dialektik der Herrschaft und der Knechtschaft nur eine elementare, abstrakte erste Gestalt der Gesellschaftlichkeit ist, die einzig vom Widerspruch zwischen Produktion und Genuss handelt. Der dem Allgemeinen immanenten Geschichtlichkeit fehlt noch ihr Wissen von sich selbst, das in der Logik des Geistes erscheinen wird, so im unterirdischen Gesetz der griechischen Stadt, in der Französischen Revolution, in der Aufklärung, bei den »großen Helden« der geschichtlichen Tat usw. Doch die Abstraktionen, die der Geist sich als Präludien gibt – Bewusstsein, Selbstbewusstsein, Vernunft –, werden weiterhin sowohl seine Gestalten als auch seine Logik prägen. Wenn der Mut sich von ihnen absondert, dann wird diese Absonderung sich über die gesamte Dialektik erstrecken. Ferner gehört, auf eine noch entscheidendere Weise, die Prekarität, die es aus dem Erzittern der Negativität zu erhellen gilt, gerade nicht mehr einer mit dem Wissen gleichgesetzten Allgemeinheit an; sie bringt das Prinzip der Synthese ins Wanken, das die Kluft zwischen endlichem Wissen und Wahrheit des Absoluten sättigen soll.

Der Weg, den wir bahnen, wirkt gegen den Strom; er »verlangsamt« die Hegel'sche Ausführung und befragt die Beharrlichkeit der Ablösung des Lebens von sich selbst, gleich einem dunklen Wirbel, wohin mehrere sich auftuende Pfade führen, Seite an Seite verlaufen und aufeinanderstoßen: die Wiederholung, die tödliche Entgrenzung, das Verhältnis zum Unbekannten. Worum es geht, ist, den Keim des Muts im widersprüchlichen Auftreten der Knechtschaft wiederzufinden, gerade dort, wo Hegel ihn austreibt. In diesem Zusammenhang wird der Mut nicht isoliert, als eine Tugend, ein Affekt, ein Verhalten der Konfrontation, die einem Subjekt zugeschrieben werden könnten oder nicht. Er wird zu einem Moment, das aus der Hegel'schen Dialektik hervorgeht, das von ihr erzeugt wird, ohne jedoch in ihr einen Platz zu haben, und das den Anteil bezeugt, den ihre Negativität an einer Unmittelbarkeit hat.

**Die Angst, der absolute Exzess**

Der Mut findet im Abschnitt »Herrschaft und Knechtschaft« keine Erwähnung, und dennoch weiß man, wo er zu suchen ist: Er kann nur in der Erschütterung des Knechts durch die Furcht vor dem Tod aufkommen, in einer Umkehrung dieser

Furcht gegen sie selbst. Um in dieser Erschütterung eine prekäre Bruchstelle wiederzuerfassen, ist es nötig, die Übergänge des Kapitels neu zu schreiben – beginnend damit, dass die beiden Ebenen, logische und phänomenale, unter denen Hegel die Abhängigkeit und Unabhängigkeit des Selbstbewusstseins einführt, noch einmal anders durchdacht werden. Erinnern wir uns daran, dass die Methode für ihn der Weg ist, den man bereits durchlaufen hat. Die *Phänomenologie des Geistes* erzählt nicht, was »wirklich« geschehen ist, sondern steht von vornherein im Zeichen einer rückwirkenden Wiederholung, welche die »Gestalten des Bewusstseins« als Momente des Logos beleuchtet.

Richten wir weiter unser Augenmerk darauf, dass der Abschnitt über die Herrschaft und die Knechtschaft nicht nur Teil von Hegels Werk ist, sondern sich ebenso in den enormen Stapel von Analysen, Kommentaren und Interpretationen einschreibt, die er hervorgerufen hat. Unmöglich, ihn außerhalb der Werkstatt seiner Exegese zu betrachten; unmöglich, ihn neu zu schreiben, ohne wiederholte Blicke auf diesen Stapel zu werfen, Vorteile daraus zu ziehen und anderen Teilen davon etwas entgegenzuhalten. Was die Wiederherstellung des Muts anbelangt, kommen mehrere Namen ins Spiel: Badiou, Balibar, Bataille, Butler, Derrida, Hyppolite, Kojève, Lacan, Lebrun, Žižek.[3]

In auffallender Weise spricht Hegel der Anerkennung des Selbstbewusstseins bereits vollständig alle Unterscheidungen der Logik des Geistes zu, die er mit einer berühmten Formel einleitet:

Indem ein Selbstbewußtsein der Gegenstand ist, ist er ebensowohl Ich wie Gegenstand. – Hiermit ist schon der Begriff *des Geistes* für uns vorhanden. Was für das Bewußtsein erweitert wird, ist die Erfahrung, was der Geist ist, diese absolute Substanz, welche in der vollkommenen Freiheit und Selbständigkeit ihres Gegensatzes, nämlich verschiedener für sich seiender Selbstbewußtsein[e], die Einheit derselben ist; *Ich*, das *Wir*, und *Wir*, das *Ich* ist.[4]

Diese Vorwegnahme pfeift auf das allmähliche Voranschreiten der Dialektik und verbindet die Anerkennung direkt mit der kollektiven Bestimmung des Allgemeinen, die dem Geist eigen ist. Ferner betrifft die Vorwegnahme nicht nur die Anerkennung auf der logischen Ebene; auf der intrinsischen Ebene ihrer Erfahrung erfolgt ihr Außersichgehen ebenso durch Vorwegnahme, durch die Vorwegnahme ihres eigenen Todes. Erinnern wir uns daran, dass der Kampf auf Leben und Tod ein doppeltes Tun enthält; das Tun, wodurch ein jeder den anderen zu vernichten sucht, und das Tun durch sich selbst, das seinen eigenen Tod riskiert. In Bezug auf die Knechtschaft schreibt nun der widersprüchliche Prozess genau eine Diskontinuität zwischen diesen beiden Formen des Tuns ein. Sie ist klar gekennzeichnet in dem Abstand, den Hegel zwischen zwei Toden einführt: der Todesdrohung, die der Herr von außen über den Knecht verhängt; ihrer Rückwirkung auf dessen Verhältnis zum absoluten Herrn, zur reinen Negativität, zur allgemeinen Bewegung des Flüssigwerdens, worin seine Abhängigkeit sich gleichermaßen verflüchtigt.

> Zunächst ist für die Knechtschaft der Herr das Wesen; also das *selbständige für sich seiende Bewußtsein* ist ihr *die Wahrheit*, die jedoch *für sie* noch nicht *an ihr* ist. Allein sie hat diese Wahrheit der reinen Negativität und des *Fürsichseins in der Tat an ihr selbst*; denn sie hat dieses Wesen an ihr *erfahren*. Dies Bewußtsein hat nämlich nicht um dieses oder jenes, noch für diesen oder jenen Augenblick Angst gehabt, sondern um sein ganzes Wesen; denn es hat die Furcht des Todes, des absoluten Herrn, empfunden. Es ist darin innerlich aufgelöst worden, hat durchaus in sich selbst erzittert, und alles Fixe hat in ihm gebebt. Diese reine allgemeine Bewegung, das absolute Flüssigwerden alles Bestehens, ist aber das einfache Wesen des Selbstbewußtseins, die absolute Negativität, *das reine Fürsichsein*, das hiermit *an* diesem Bewußtsein ist.[5]

Die Wahrheit, welche die Knechtschaft an ihr findet, geht aus der Interferenz zweier Verhältnisse zum Tod hervor: der knechtischen Wahl, unter dem Joch einer äußeren Bedrohung am Leben zu bleiben, und ihrem Gegenstoß in der Bewährung durch die absolute Furcht, durch ihre negative Auflösung. Kaum gewahrt und erfasst, wird diese Interferenz von Hegel einer Verinnerlichung des Ersten durch das Zweite angerechnet. Doch der Abstand ist da, und er verlangt berücksichtigt zu werden. Die Erfah-

rung der Knechtschaft ist entzwei zwischen dem
natürlichen Tod, dem sie entgangen ist, indem sie
die Beherrschung verloren hat, und der Äußerlichkeit ihres eigenen Todes, gegenwärtig im Wagnis, das
sie nicht eingegangen ist und das ihr kein Mangel an
Selbständigkeit nehmen kann. Diese Äußerlichkeit
gehört nicht mehr der Erfahrung ihrer Selbständigkeit an, auch nicht ihrem Verhältnis zum anderen.
Sie bleibt unbemerkt, solange eine Synthese zwischen
der natürlichen Furcht um das eigene Leben und
jener auflösenden Furcht angenommen wird, in der
sich die absolute Nichtigkeit aller Anhänglichkeit an
das Leben erweist. Nun verlängert diese Nichtigkeit
aber nicht das Begehren zu überleben, sie flutet es: Es
gibt keinen Ersatz, keine Ablösung des kontingenten
äußeren Herrn durch eine verinnerlichte Beherrschung, sondern das Verhältnis zum natürlichen Tod
wird durch das Absolute verstört.[6]

Die absolute Negativität packt die Knechtschaft
und trägt sie fort, zerstört selbst ihre Kapitulation,
zerstört zugleich jedes dem Herrn und dem Knecht
gemeinsame Maß, den ganzen Rahmen, worin die
mühsame Bearbeitung des Gegenstandes und das
Erlernen des Gehorsams sich gemeinsam einschrei-
ben. Indem sie die Anpassung der Knechtschaft
an ihre eigene Unterwerfung verunmöglicht, setzt
sie eine abschweifende Wirkung frei: die Fremdheit der Negativität selbst, in einem über ihre
mögliche Erfüllung hinausgehenden Überschuss,
einem Überschuss, der einen nicht anzueignenden
»Exzess« innerhalb des Negativen selbst ausdrückt.
Man kann also durchaus sagen, dass dieses Inter-

vall der Negativität von der Herrschaft entkoppelt ist, dass dieser Anteil des Negativen nicht länger auf seine widersprüchliche Bestimmung durch den Verlust der Selbstbeherrschung verweist, sondern auf die Ent-Bindung dieses Widerspruchs selbst, auf das Nicht-Verhältnis der Knechtschaft. Man wird in gewisser Weise nichts anderes gesagt haben, als was Hegel sagt. Oder um es anders zu formulieren: Die Synthese des Andersseins mit dem Dienst scheitert; das allgemeine negative Erzittern, das die Knechtschaft erfasst, ist aufgeladen mit einem irreparablen Entzug. Die Vorgängigkeit des Negativen vor aller Verankerung in einem Selbst, seine Irreduzibilität auf jegliche Rückkehr in ein »Fürsich«, ist durchaus Teil des Szenarios, ungeachtet dessen, dass sein Intervall sofort durch seine Umwandlung in Dienst wieder überdeckt wird, oder dass diese Furcht vor dem absoluten Herrn, die man Angst nennen kann, in Hegels Worten »stumm bleibt«.

Verstörung des natürlichen Todes durch seine Äußerlichkeit statt innerlicher Synthese, Verunordnung der Knechtschaft statt Anerkennung ihrer Selbstknechtung: Die zwischen zwei Toden entzweite Knechtschaft ist zwar Hegel entnommen, aber einem verschwommenen Hegel, wie durch eine verzerrende Linse gesehen. Die Aufmerksamkeit für den durch das Flüssigwerden ausgelösten Wirbel scheint einen parallelen Weg zu eröffnen. Wie ist nun diese Abzweigung zu verstehen, wo doch für Hegel die Knechtschaft notwendig in ihrer Selbstknechtung aufgeht, die allein in der Lage ist, den fremden Sinn der Welt in einen ihr eigenen Sinn zu verwandeln, und die allein also sich nicht in einem einseitigen Moment fixiert, nicht die Bewegung des Denkens blockiert? Wenn die Fremdheit des Todes dazu neigt, ein blinder Fleck zu bleiben, dann liegt das daran, dass Hegel sich beeilt hat, das Flüssigwerden der Angst auf ihre Durchquerung zurückzuschlagen, auf das Fortschreiten, die spekulative Einheit im Werden, die es mit sich führt. Dieses Zurückschlagen entspricht offenkundig der Weise, wie Hegel die Negativität und den Tod innerhalb des Absoluten begreift, gemäß ihrer vollkommenen Vermittlung durch den Geist, wobei er versichert, dass das Leben, das sich in ihnen erhält, bei ihnen verweilt, aus diesem Verweilen die »Zauberkraft« macht, welche die Negativität in das Sein umkehrt.[7]

Doch in der Darstellung des Verhältnisses des Bewusstseins zum Tod gilt diese absolute Negativität unmittelbar, außerhalb allen weiteren Voranschreitens, indem sie sowohl das Leben als auch die an dieses Leben geknüpfte Unterwerfung auflöst. Um dieses unmittelbare Bevorstehen abzuwenden, insistiert der Text so sehr auf dem, was die Verkettung von Furcht, Verwandlung der Gegenstände und Selbstknechtung der eigenen Begierde an Untrennbarem mit sich bringt: »Es sind zu dieser Reflexion die beiden Momente der Furcht und des Dienstes überhaupt sowie des Bildens notwendig, und zugleich beide auf eine allgemeine Weise.«[8]

So verwirft die Erfahrung des absoluten Flüssigwerdens aus sich selbst die Prekarität der dialektischen Ordnung, die Instabilität, die dieses Flüssigwerden mit sich führt. Die Übergänge des Kapitels neu zu schreiben bedeutet, diese Dimension darin wiederkehren zu lassen. Denn die Umwandlung der Negativität in Dienst hängt von einer unauflöslichen Nähe zwischen dem Logos und seiner Unordnung ab, die von der Reduktion der Negativität auf die Arbeit, was die Gegenständlichkeit angeht, und auf die Zähmung, was die Begierde angeht, im Dunkeln gelassen wird. Die Absonderung des Muts geht einher mit der Absonderung dieser Unordnung. Wenn man in einigen der vielfachen Kommentare zu dieser Dialektik nachsieht, stellt man fest, dass der Fokus weniger auf diese Aushebelung des Mittelbaren durch das Unmittelbare gerichtet ist als auf die darauffolgende Verkettung, diejenige der Bearbeitung der äußeren Gegenstände mit der Unterdrückung des Egoismus.

Nach der nietzscheanischen Lesart, die Gérard Lebrun in *L'Envers de la dialectique* vorlegt, ruft das vom Selbst erblickte absolute Nichts der Endlichkeit das Bewusstsein der vollkommenen Eitelkeit alles endlichen Daseins hervor, und mithin der Eitelkeit sowohl des Muts als auch der Feigheit.[9] Diese Nichtigkeit wird wirklich, oder wahr, im Verzicht der Knechtschaft auf sich selbst, sie verschweißt das Selbstbewusstsein mit der Aufgabe sich auszulöschen: Das ist die christliche Seite der Knechtschaft. Nach der Kojève'schen Lesart erblickt das knechtische Bewusstsein in dem im Sein bestehenden Nichts, dem Nichts seiner selbst, die Überlegenheit der geistigen Begierde, die in der Entstehung der Welt der Gegenstände am Werk ist, und entdeckt dabei mithin sich selbst als »Entwurf«.[10]

Indem er seine eigenen Kategorien an die Stelle der Hegel'schen setzt, unterscheidet Alexandre Kojève eine animalisch genannte Begierde und eine im eigentlichen Sinn menschliche, die es von der Ersteren abzulösen gilt. Der Kampf um Anerkennung setzt dieser Ersteren ein Ende, opfert das Tier der Annahme des Geistigen, seiner Offenbarung durch die Rede, dem »Mord des Wortes am Ding«. In diesem Sinn verstanden, macht das absolute Erzittern den Weg frei für eine erobernde Negativität: Der bedeutende Körper tritt an die Stelle des lebendigen Körpers, die arbeitsame Erhaltung des Lebens ist Realisierung der geistigen Beherrschung und gerade dadurch Realisierung der Freiheit. Das ist die Seite der Knechtschaft, die vollständig durch ein *Telos* geleitet ist.

Nach der von Judith Butler in *Psyche der Macht* vorgelegten Lesart entdeckt das knechtische Bewusstsein sich als bildende Tätigkeit, entdeckt sich aber darüber hinaus als einer irreduziblen Negation unterworfen. Butler besteht, wie wir es hier ebenfalls tun, auf der Entdeckung eines Todes, der nicht von ihm genommen werden kann, durch das Bewusstsein.[11] Aber für sie entdeckt das Bewusstsein diesen nicht in der Beunruhigung der lebendigen Natürlichkeit *via* Übergreifen des Todes aufs Leben, sondern in der zweiten Phase, derjenigen der Arbeit. Durch die Gesamtheit der verwischten Spuren seiner Arbeit am Gegenstand entziffert das knechtische Bewusstsein seinen Tod im unersetzlichen Charakter seines Körpers. Der Körper wird als Ort genommen, an dem das Verhaftetsein mit sich zugleich der Ort einer Verneinung seiner selbst ist; ihre Gleichzeitigkeit macht die Frage einer absoluten Ablösung vom Leben überflüssig. Aus der Sicht von Butler geht die Verkettung direkt von der Knechtschaft zum unglücklichen Bewusstsein über, wo der Körper dieser innere Fremde wird, den das Bewusstsein nur unaufhörlich unterdrücken und dessen Begierden es niemals als die seinen anerkennen kann. Dass die Beherrschung immer nur dazu gelangt, die Begierden proliferieren zu lassen, die ihr Widerstand leisten, ändert nichts an der Tatsache, dass wir das Register der Knechtung nicht verlassen haben. Was Butler in den Widerständen des Körpers fokussiert, sind die Praktiken, durch die Unterwerfung[12] und Widerstand mit denselben Machtverhältnissen zusammenhängen; was wir in der Exzentrierung des absoluten Erzitterns fokussieren, sind die Umstände, die in der Lage sind, ein Subjekt vom anderen zu trennen und es genau dadurch von der Unterwerfung zu lösen.

Der Versuch, den Mut innerhalb der Erfahrung der Knechtschaft wiederzufinden, nötigt dazu, einem anderen Weg zu folgen, als es diese Kommentare tun. Die erste Handlung wird darin bestehen, die Abfolge von absoluter Furcht und Dienst zu dekonstruieren. Es gibt, so lautet die Hypothese, einen absoluten Bruch, der durch die Fremdheit des Todes ins Leben eingeführt wird und der die Unterwürfigkeit ins Wanken bringt. Um dessen Vorkommen auszumachen, ist es nötig, auf die Wiederholung zu achten, von welcher der Kampf auf Leben und Tod der beiden Bewusstseine ausgeht.

## Der Eigensinn[13]

Wenn die von der Knechtschaft an ihrer eigenen Knechtung vorgenommene Negation außerhalb des Rahmens bleibt, dann heißt das, dass die dialektischen Würfel gezinkt wurden. Alles läuft ab, als rührte die Disymmetrie zwischen Knechtschaft und Herrschaft von einem wechselseitigen, eineindeutigen Kampf zweier gleicher Selbstbewusstseine her, zwischen Anhänglichkeit ans Leben und Selbständigkeit. Doch bei genauerer Betrachtung der fraglichen Terme stellt sich heraus, dass ihre widersprüchliche Konfrontation bereits durch den Pol der Beherrschung regiert ist, die sich selbst als autonom bestimmt, indem sie die Knechtschaft als Mangel an Autonomie bestimmt. Indem Hegel vorgibt, die Herrschaft aus einer Wechselseitigkeit abzuleiten, macht er dagegen glauben, dass es sich um die Konstituierung der Gesellschaftlichkeit als solcher handelt.

Die Ausführungen betreiben durchgehend eine Verwechslung zwischen dem Nach- und dem Vorgelagerten, sie vertauschen sie. Die Vermittlung einer als unmittelbar angenommenen Gewalt in der geringeren Gewalt der Herrschaft wird nicht durch eine Spiegelfechterei, durch einen Kampf ums reine Prestige hervorgebracht; der Mangel an Selbständigkeit ist bereits in die Gesellschaftlichkeit eingeschrieben, die er zu eröffnen vorgibt. Es ist diese Auslassung, die ein entnervter Jacques Lacan unterstreicht: Es muss schon einen dieser Gewalt vorauslaufenden Pakt gegeben haben, damit diese

Gewalt in einer Vermittlung verewigt werden kann, während sie den Knecht am Leben lässt.[14] Diese symbolische Ordnung wird einfach unterschlagen, genauso wie die Zucht, die in sie überleitet. Unter symbolischer Ordnung verstehen wir hier das, was Claude Lévi-Strauss darüber sagt; die geordnete Verteilung, welche die gesellschaftlichen Plätze regelt; das Gesetz dieser Verteilung; die Domäne der Symbole, die das Faktum der Sprache umfasst. Wenn man zugesteht, dass der Kampf diese Ordnung nicht als sein Resultat produziert, sondern in ihrem Inneren geführt wird, dann kann keine Rede sein von einer negativen Aneignung des Lebens in seiner Vergeistigung durch die Sprache, wie Kojève es gerne hätte. Vielmehr geht es um die Verknotungen der Körper und der Sprache – oder der Begierde und des Bewusstseins, in der Hegel'schen Begrifflichkeit –, aus denen das Leben hervorgeht. Im vorliegenden Fall geht es um den Bruch, den der Tod in die Sprache einführt, eine Sprache, die immer schon den Mangel an Selbständigkeit anordnet, der für das Bewusstsein konstitutiv ist.

Wenn man zugesteht, dass der Pakt dem Kampf vorausgeht, so ist die eröffnende Dimension des Letzteren annulliert. Die vermeintliche Funktion des auflösenden Bruchs durch den Tod war es, den Sinn der Knechtschaft zu verändern, zwischen äußerer Auferlegung und geistiger Annahme. Wenn dieser Bruch bereits innerhalb der symbolischen Ordnung selbst erfolgt, dann erscheint er am hin- und herschwankenden Scharnier zwischen zwei Symbolisierungen, das weniger diesen oder jenen Sinn bestimmt, als dass es den Mangel an Selbständigkeit dazu zwingt, sich zu wiederholen. Und ebendieser Wiederholung prägt Hegel die Logik einer Entwicklung auf, eines Fortschreitens, das im Begriff stehe, die Abhängigkeit in »wahre Selbständigkeit« umzukehren, das durch die Furcht vernichtete Subjekt in ein Subjekt zu verwandeln, das in der Lage wäre, sich selbst seiner Positivität entgegenzusetzen. Der Übergriff dieser Verkettung auf die Wiederholung bringt tendenziell die absolute Vernichtung dazu, sich in die Wiederaneignung innerhalb eines repetitiven Kreislaufs zu verwandeln, den Gegensatz zweier Bewusstseine in einem einzelnen Bewusstsein zu verinnerlichen, einem stoischen, dann skeptischen, dann unglücklichen Bewusstsein, das sich selbst als die unendliche Bewegung des Denkens weiß. Das ist die von Hegel gesuchte Synthese zwischen absoluter Negativität und Position der Gewissheit seiner selbst.

Sobald man jedoch die Perspektive umkehrt, ohne irgendetwas hinzuzufügen, sobald man diesen Kreislauf ausgehend vom Einfallen des absoluten Erzitterns in ihn betrachtet, ändert sich die Sache von Grund auf. Isoliert genommen markiert das absolute Erzittern eine transgressive Öffnung. In Hegels Wortlaut löst sein absolutes Flüssigwerden seinerseits alles »Bestehen« auf, was einer Befreiung des »reinen Fürsichseins« von seinem Bewusstsein gleichkommt. Von seiner Öffnung her aufgefasst löst das Erzittern in allen Punkten das bestimmte Leben auf, dem die Knechtschaft anhing, und ebenso diese Anhänglichkeit selbst. Es führt die Knechtschaft mit einem Mal wieder in die unendliche Fremdheit ihrer selbst ein, in die verwirrende Logik einer Begierde in Konflikt mit ihrer Ent-bindung; eine Verwirrung, vor der ihre Begierde, am Leben zu bleiben, zurückgewichen war. Indem es das Ganze ihres Seins vernichtet, hebt das Absolute sowohl die besonderen Bestimmungen ihres Lebens auf als auch das unterordnende Prinzip, das ihnen Kohärenz verlieh. Es gibt fortan weder Anerkennung des anderen noch Anerkennung seiner selbst im anderen. Die unendliche Fremdheit ihrer Endlichkeit kehrt für die Knechtschaft gleich einem vom Negativen losgelösten Nichtwissen wieder, ohne Verhältnis zum Vorrang der Ordnung; sie kehrt wieder in der Freisetzung eines bislang übergangenen Wagnisses, das rückwirkend dieses »reine Fürsichsein« ihres Bewusstseins erschauern lässt und es zersetzt.

So beschrieben, außerhalb des Rahmens, in den Hegel es einspannt, scheint das absolute Erzittern sich einer Bereitschaft zum Opfer anzunähern; ebenjener, die zweimal in der *Phänomenologie des Geistes* eine Disjunktion in die Einheit des »Ich, das Wir, und Wir, das Ich ist« einschreibt, wie es Étienne Balibar scharfsinnig in seinem Artikel »*Ich das Wir, Wir das Ich ist. Le mot de l'esprit*« gezeigt hat.[15] Es gibt einerseits eine buchstäblich unlebbare Wahrheit eines Ich, das nicht Wir ist, das dieses Wir von sich weist; eine Wahrheit, die ein Subjekt nur in die Tat umsetzen kann, indem es sich ihr opfert, indem es sein Leben selbst opfert: Das ist die »Ironie« von Antigone. Oder aber es gibt andererseits eine Wahrheit der absoluten Freiheit, die eine Gemeinschaft nur verwirklichen kann, indem sie alle Ichs vernichtet, indem sie die Ordnung des Wir in der Ordnung eines »Todes ohne Phrase« aufgehen lässt, so im revolutionären Terror.

Bekanntlich beruft Georges Bataille sich auf solche extremen Momente, um die Dialektik der Knechtschaft zurückzuweisen: Der Dienst, die Arbeit der Beherrschung sind nur Versuche, den absoluten Verlust zu tilgen, während dieser jede negative Wiederaneignung hintertreibt.[16] Für ihn taucht das Äußere der Angst auf außerdialektische Weise auf, es zerstreut die Totalität durch den Rausch, den erotischen, opfernden, poetischen Erguss. Der Kontakt mit dem Nichtwissen zerstört die Wirkung jeglicher Zweckbestimmtheit, er verbraucht gewaltsam, körperlich, die diskursive Ordnung. Entsprechend nötigt die durch die Angst hervorgerufene absolute Ablösung vom Leben gleichermaßen dazu, sich von der Dialektik abzulösen.

Heißt das, dass die absolute Ablösung die Dialektik dazu verurteilt, zwischen Wiederaneignung und Opfer hin- und herzuschwanken? Abermals divergiert der hier beschrittene Weg und wendet sich von Bataille ab. Die Schwierigkeit besteht nicht darin, sich von der Dialektik zu verabschieden, sondern darin, den Durchbruch der Angst in einem präzisen Punkt zu verorten, die Interferenz zwischen Nichtwissen, Verlust, Widerspruch innerhalb des dialektischen Prozesses der Knechtschaft selbst auszumachen und mithin zu fragen, worin dieser Durchbruch dessen Logik verändert. Was geschieht mit dem dialektischen Prozess, wenn er sich mit einer Verunordnung seines Wissens auseinandersetzen muss, das hier in der Figur der Arbeit und der Selbstdisziplin dargestellt ist? Was geschieht mit dem Nichtwissen, wenn es die Knechtschaft inmitten einer widersprüchlichen Dialektik befällt?

Da Unterordnung und Dienst bereits stattgefunden haben, da sie nicht aus dem Kampf resultieren, sondern von der Disymmetrie herrühren, die ihn organisiert, muss von der Wiederholung ausgegangen werden. Was der wiederholte Durchgang der Knechtschaft durch ihre Teilung gleichzeitig trifft und verfehlt und was Hegel vorzieht nicht zu beachten, ist der initiale Bruch des Prinzips der Vermittlung selbst. Hat die Entzweiung des Bewusstseins mit sich selbst bereits stattgefunden, so wird das absolute Erzittern, das der Unterordnung innewohnt, aus dem Inneren der Wiederholung einen Moment der Vernichtung ebendieser Unterordnung freigelegt haben. Oder, um es andersherum zu sagen: Genau aus einem abschweifenden, zerstreuten Moment der Negativität, der auf keine Abfolge, keine Bildung mehr entfällt, geht die Wiederholung hervor.

Hier drängt sich eine Präzisierung auf. Die absolute Fremdheit der Negativität, die zu subsumieren der Hegel'schen Negativität nicht gelingt, hat nichts von einem existenziellen Erlebten, nicht einmal von einer Erfahrung in dem Sinn, den der Philosoph ihr gibt: Sie ist weder jemals als solche erreichbar, noch entwickelt sie sich in Richtung der Wiederherstellung ihrer Einheit mit dem Ganzen. Anstatt irgendeinem Bewusstsein anzugehören, zerstört ihre Zerstörung der Grenzen der Endlichkeit deren

Kohärenz, verweist auf die Haltlosigkeit, welche die widersprüchliche Entwicklung untergräbt, korrumpiert das Räderwerk der Bildung. In »Herrschaft und Knechtschaft« kehrt diese in die Wiederholung eingebundene Abspaltung wieder im Auftreten einer Sackgasse, einer Entgleisung, die den Widerspruch auf seine eigene Unregelmäßigkeit zurückbiegt.

Was den Aufhänger dieser Unregelmäßigkeit anbelangt, so ist es verblüffend, dass Hegels Redlichkeit dessen Auftauchen und Charakter gekennzeichnet hat, indem eine Knechtschaft erwähnt wird, deren eigentlicher Sinn der einer sturen, aufsässigen Knechtschaft ist, »eine[r] Freiheit, welche noch innerhalb der Knechtschaft stehenbleibt«.[17] Die Knechtschaft wird also nicht ihr »Fürsich« in dem Bilden wiederfinden, das den Gegenständen eine geistige Dimension verleiht, im Drosseln ihrer Begierde, ohne sich mit einem Moment aufzuladen, das durch eine Laune des Negativen materialisiert wird, unfähig, sich mit dem Gegenstand zu vereinigen. Gewiss führt der Philosoph diesen Eigensinn als eine gegen ihre eigene Allgemeinheit aufgebrachte Besonderheit ein, die sich nicht der absoluten Negativität hingegeben hat, die nur einige Angst durchgestanden hat und somit Gefangene eines äußerlichen Gegensatzes zwischen ihrer Begierde und dem Anderssein, das diese antreibt, geblieben ist. Für ihn gibt es dort nur einen Befestigungspunkt. Das ist seine Version der Lacan'schen Provokation hinsichtlich der Hysterie: Das, wonach die Hysterische strebt, das ist ein Herr, und sie wird ihn haben.[18]

Doch das Argument ist ungültig. Um diese Sackgasse zu disqualifizieren, beruft Hegel sich auf eine Unreife, die sich über die Verwandlung des Bewusstseins hinaus fortsetzt. Nun ähnelt eine solche Äußerung einer Tautologie, die den Eigensinn des Besonderen aus der Tatsache des Besonderen erklärt. Denn was auf diese Weise innerhalb der Knechtschaft selbst eigensinnig wird, kann keine Regung der lebenserhaltenden Begierde sein, die ihrer Unterordnung vorherginge und noch nicht ganz abgebaut wäre. Vielmehr ist es die Instabilität der Knechtschaft selbst, die deren Abspaltung bewirkt hat, wovon ihr Auftreten am Ende des Abschnitts Zeugnis ablegt. Der Eigensinn verweist auf nichts, was der Verwirklichung der Knechtschaft voranginge, er benennt den Einbruch einer Dysfunktion, die die Gleichzeitigkeit von Gehorsam und Bilden aushebelt. Bei näherer Betrachtung hat der Eigensinn genau den Wert eines unaufgelösten, beharrlichen Widerspruchs; was sich ein Symptom nennt.

In diesem aufrührerischen Wiederauftritt tauschen Fixierung und Verflüssigung auf paradoxe Weise ihre Bestimmungen. Der Anschlag des Eigensinns sollte eine Paralyse der Unruhe signalisieren, während diese Paralyse eine zeitliche Umkehrung des dialektischen Prozesses einleitet, eine Umkehrung, die seinem Voranschreiten nicht assimilierbar ist. Als ein unerwarteter, in die Wiederholung zurückgezogener Gegenstoß ist der Eigensinn ein zufälliges Vorkommnis, ein Bruchstück zusätzlicher Zeit, das dort auftritt, wo bereits der Gehorsam grassiert; eine »Freiheit, welche innerhalb der Knechtschaft stehenbleibt«.

Sein Aufkommen kann *in abstracto* ausgedrückt werden, nach Art einer Formel: Tritt eine Aufsässigkeit auf dem Umweg des Gehorsams und der Arbeit auf, so wird das Gegenteil der Knechtschaft nicht mehr das Wissen sein, das ihrer Selbständigkeit noch fehlt, sondern das Gesetz der Knechtung, die sie bereits erduldet und der sie nur widersprechen kann, indem sie dem in die Herrschaft verwickelten Teil ihrer selbst widerspricht; indem sie sich in den Überschuss einer »beschäftigungslosen«[19] Zeitlichkeit begibt, den ihr Ausscheren freisetzt.

Etwas erhellt sich in der Dialektik, das ihre Entwicklung blockiert: eine Macht der Unordnung, die das stufenweise Raster der Zeit aufbricht und ihre Logik außer Kraft setzt. Die Knechtschaft beharrt plötzlich darauf, ihre Knechtung zu erdulden, anstatt sie anzunehmen. Ihre eigene Unterwerfung erscheint ihr in einem anderen Licht, nicht mehr als eine allgemeine Notwendigkeit, sondern als Defekt der Rationalität, die sich ihr aufnötigt, sodass Denken nicht mehr lediglich darin besteht, die Einsicht in seine Reflexivität zu erlangen: Das Denken in Widersprüchen ist tatsächlich einer Bewegung des Erlernens zurückgegeben, anstatt durch ein Wissen geregelt zu sein, das ihm vorangeht.

Durch den Zusatz dieser »stehengebliebenen« Freiheit, und sei es auch nur, um sie zu eliminieren, hinterlässt Hegel ein doppeltes Indiz – Indiz der Revolte, die durch die Knechtschaft ausgelöst wird, in einer Knechtschaft, die entworfen wurde, um sie auszuschließen, was auf einen Widerspruch ohne Synthese deutet, der an den notwendigen Widerspruch angehängt ist. Es ist die Logik des Widerspruchs selbst, die es so will: Die Zeit des Ungehorsams resultiert niemals aus einer notwendigen Verkettung, es ist niemals möglich, sie abzuleiten, und doch gibt es, gab es und wird es Revolten geben, sofern es Unterordnung gibt – Indiz dessen, dass das Wesen des Erscheinens und Verschwindens, die Vergänglichkeit der Negativität, wirksam ist, indem es die Vorwegnahme des Denkens vom Eingedenken seines Gegenstandes ablöst. Es ist der bacchantische Taumel des Denkens, der es so will: Seine Zergliederung ist weniger auf ein Wissen von sich selbst bezogen als auf die Aushebelung der Erinnerung. Während die Überwindung die Knechtschaft hin zur Selbständigkeit eigentlich offenbaren sollte, dass das Wissen der Beherrschten der wahre Motor der Geschichte ist, offenbart der der Knechtschaft innewohnende Widerspruch im Gegenteil die Unmöglichkeit des dialektischen Subjekts, jemals mit sich selbst in eins zu fallen.

### Der Mut, auf dem Kopf zu gehen

Mit dieser Blockade haben wir eine Rückbindung an die Prekarität des Anerkennungsprinzips gefunden. Die Aufsässigkeit gegen die Arbeit und den Gehorsam ist keine äußerlich ausgeübte Verweigerung der Vermittlung, eitler eigener Sinn, wie Hegel es gerne hätte, sondern der gewaltsame unvermittelte Einbruch einer Zerrüttung in die Dialektik, eines inchoativen Widerspruchs, der keiner Etappe ihres

Durchlaufens zugeordnet werden kann. Der Mut kann sich daran anlehnen; er blockiert die Zeit der Verkettung, zerfrisst rückwirkend die Prozessualität der Erfüllung. Seine Eile, sich seiner Unterwerfung zu entziehen, stürzt das knechtische Bewusstsein in eine Zeitlichkeit, die ungleich der Unterwürfigkeit ist, ungleich der Abfolge, die von der als Bildung aufgefassten Rationalität organisiert wird. Der in seine eigene Negativität eingeschriebene Hiatus spaltet es seinerseits und lässt darin nicht länger die dialektische Entäußerung eintreten, die von der Anerkennung begründet wird, sondern die Trennung von dieser Begierde nach Anerkennung; eine Trennung, die ein Intervall in der Arbeit der Synthese erzeugt.

Dass das durch Anerkennung konstituierte Subjekt seine Abhängigkeit unaufhörlich mit Blick auf die gesellschaftliche Zustimmung fortsetzt oder dass die Negativität zur Selbstknechtung neigt, ändert daran nichts. Das Abschweifen der Negativität besteht fort, und keine Subsumption kann es aufheben, da die Subsumption aus ihm hervorgeht. Ein solches Abschweifen, freigelegt durch die Defekte, die ungelösten Momente des widersprüchlichen Prozesses, die übereilten Verbindungen, die Enttäuschungen, zwingt das Selbstbewusstsein dazu, sein Verhältnis zu den anderen und zu sich selbst, sein Verhältnis zum Allgemeinen neu zu erfinden, gemäß seiner eigenen Desorientierung. Sein Riss hängt gleichzeitig am Mut als kontingentem Moment und an dieser Kontingenz als notwendiger.

Was ist die Tragweite dieser Verunordnung? Bei Hegel gibt es bekanntlich nur ein einziges Subjekt, nämlich den Begriff, dessen Geschichte mit seiner Totalität zusammenfällt; mit der Zeit, die er braucht, um sich zu äußern, zu arbeiten, zu leiden, sich selbst in der Anschauung seiner eigenen Absolutheit wiederzufinden. Es ist dieses Subjekt, das die Dialektik des Selbstbewusstseins vermittelt, das daraus eine der Stationen, und sei es eine abstrakte Station, ein Präludium des Werdens des Geistes im Element der Wissenschaft macht. Auf diese Weise betreffen die Ablösung vom Leben und die Anhänglichkeit daran nicht nur das Feld des Konflikts, sondern durchaus den Status der Negativität in der Hegel'schen Philosophie insgesamt. Bleibt also zu fragen, inwiefern dieses Drängen imstande ist, das durch die Wissenschaft organisierte Ziel des Ganzen zu verändern. Inwiefern desynchronisiert dieses Überborden des Negativen das Fortschreiten, die Vertiefung, wodurch das Negative sich schließlich als die innere Dynamik eines Logos erweist, der sich vollständig selbst denkt? Ist die Zeit lediglich der Begriff, der da ist, oder greift das Unvorhersehbare darin ein?

Es gibt durchaus, in der Vorrede des Werks, ein Bild, worin Hegel selbst kurz eine Topologie ins Auge fasst, die jeden kumulativen, stufenweise fortschreitenden Weg des Geistes annulliert und die Disjunktion der phänomenalen und logischen Ebenen, aus denen er besteht, geradewegs in den Blick nimmt: Es ist das Bild des Selbstbewusstseins, das auch einmal auf dem Kopf geht. Diese Topologie der Unter- und Oberseite, zu berühmt, um wirklich gelesen zu werden, zu abgegriffen durch die Kritik, die Marx an sie gerichtet hat, veranlasst das Bewusstsein zu

einem ebenso verwirrenden wie kontraintuitiven
Verhalten:

> Wenn der Standpunkt des Bewußtseins, von ge-
> genständlichen Dingen im Gegensatze gegen sich
> selbst und von sich selbst im Gegensatze gegen sie
> zu wissen, der Wissenschaft als das *Andere* – das,
> worin es sich bei sich selbst weiß, vielmehr als der
> Verlust des Geistes – gilt, so ist ihm dagegen das
> Element der Wissenschaft eine jenseitige Ferne,
> worin es nicht mehr sich selbst besitzt. Jeder von
> diesen beiden Teilen scheint für den anderen das
> Verkehrte der Wahrheit zu sein. Daß das natür-
> liche Bewußtsein sich der Wissenschaft unmittel-
> bar anvertraut, ist ein Versuch, den es, es weiß
> nicht von was angezogen, macht, auch einmal
> auf dem Kopfe zu gehen; der Zwang, diese un-
> gewohnte Stellung anzunehmen und sich in ihr
> zu bewegen, ist eine so unvorbereitete als unnötig
> scheinende Gewalt, die ihm angemutet wird, sich
> anzutun.[20]

Diese Unterscheidung der Ebenen hebt sich ein wenig von ihrer systematischen Artikulation ab. Im
Buch geschieht, gemäß den notwendigen, schrittwei-
sen Stationen, die der Geist durchläuft und die sich
in ihrer Entwicklung entfalten, die negative Durchquerung seiner Gestalten jedes Mal hinter deren
Rücken. Indem es die Äußerlichkeit des Gegenstandes negiert, der ihm das Ganze des Wahren zu sein
schien, wird das Selbstbewusstsein auch sich selbst
in der Form negieren, in der es existierte, es wird mit

ihm untergehen: Es findet einen neuen Gegenstand, ohne zu wissen, dass er aus seiner eigenen negierenden Tätigkeit resultiert. Die Wissenschaft ihrerseits sieht dabei zu, wie diese Erfahrungen gemacht werden, und ihr Blick fügt dem nichts hinzu außer der von ihr artikulierten Verkettung.

Es ist also niemals die Gestalt, die in ihrem Übergehen reflexiv die Negativität ihres Irrtums annimmt, sondern einzig die Wissenschaft, die auf dem Weg ihrer erreichten Andacht der Gestalten in sich selbst einkehrt. Es ist das ganze Paradox des Hegel'schen Beharrens auf einer Erfahrung der Negativität, von der die Gestalt, die sie durchmacht, letztendlich nie etwas weiß. Dagegen wird, in dem aufgerufenen Bild einer nahezu kopflosen Umkehrung, dieses die Erfahrung befallende »Nichts des Gegenstandes« nicht von seiner Erfüllung her betrachtet, sondern von dem Abstand der beiden Ebenen: Wissenschaft und Selbstbewusstsein sind beide auf das Rätsel eines ungreifbaren Gegenstandes bezogen, ohne dass ihr Abgleich gesichert oder gar vorgeschrieben wäre.

Wie im Buch lässt sich dieser Übergang dem Selbstbewusstsein nicht verordnen; sein Verhältnis zum Wahren gehört uneingeschränkt seiner eigenen reflexiven Tätigkeit an, selbst wenn diese als dem Gegenstand ihres Wissens äußerlich aufgefasst wird. Entgegen dem, was im Buch sonst vor sich geht, ist das Absolute hier nicht auf die Funktion eines Blicks von außen beschränkt, da es ja der unmotivierte Reiz ist, den es auf das Selbstbewusstsein ausübt, welcher dieses erschüttert.[21]

Seine Verwandlung kommt von ihm selbst; einzig seine Negativität bringt sie hervor. Indessen führt diese Negativität das Selbstbewusstsein nur dadurch von einer Gestalt zur anderen, dass sie es ihm selbst entreißt, dass sie es gewaltsam seines Wissens enteignet. Denn im Verhältnis zur phänomenalen Ebene kippt das negative Verschwinden eine negierte Vergegenständlichung nicht auf einen neuen Gegenstand zurück. Bevor sie Resultat ist, ist diese Negation zunächst selbst eine Entgegenständlichung, die die Reflexivität von der Verkettung abschneidet, die ihr Widerspruch produzieren soll, sie ihrer endlichen synthetischen Tätigkeit enthebt und die Gewissheit ihrer selbst in diesen absoluten, blinden Fleck ihres Seins zurückdrängt, in dem alle Phänomenalität sich verflüssigt.

In dieser Blindheit hören Vorkommen und Bestimmung der Negativität auf, in eins zu fallen, was das Selbstbewusstsein dazu zwingt, »auch einmal auf dem Kopfe zu gehen«; sich fortzubewegen, ohne sich zu erheben, ohne Ziel, ohne zu wissen wohin. Es ist zuerst diese Begegnung mit der Unverständlichkeit des Absoluten, nicht die Entwicklung in Widersprüchen, das die Beschaffenheit jeder Gestalt gegenüber ihrem Gegenstand erschüttert, was deren jeweilige äußerliche Grenzen erschüttert, was das Selbst des Bewusstseins absetzt, indem es dieses von ihm selbst trennt. Diese Erschütterung überträgt sich genauso auf die Ebene des Absoluten. Sein Schauen ist nicht mehr nur das äußere Schauen auf die Erfahrung seitens eines Ganzen; vielmehr findet sich sein Schauen selbst in diesen Punkten der

Blindheit gefasst, es ist tätig in den Fehlern der Synthese, den Ausscherungen, die die Phänomenalität mit ihr selbst entzweien.

Dass das Absolute bereits im Wissen jeder der Gestalten des Bewusstseins wirksam ist, entspricht dem Hegel'schen Zirkel. Dass das Absolute darin wirkt, indem es die Reflexivität seiner negativen Bewegung mit den Punkten ihrer Unterbrechung verbindet, ändert seine Formulierung ein wenig. Denn die Unterbrechung entzweit den Abschluss der Bewegung der Selbstunterscheidung: Statt dass die Wahrheit sich mit der Position des Selbsts vereinigt, ist es die Verwicklung des Ausfalls des Selbsts in die Erzeugung des Absoluten, die hervortritt. Die Wissenschaft, so Hegel, ist nicht nur Resultat der Bewegung, die zum Geist führt; sie ist das Resultat mit dieser und durch diese Bewegung selbst. So gehört auch das Herausreißen des Absoluten aus dem Endlichen der Wahrheit an, die den Bruch, die Entzweiung der Ordnung des Wissens mit der Ordnung des Wahren innerhalb ebender Bewegung geltend macht, die sie im Geist vereinigt. Daher die Frage: Versöhnt das Absolute Wissen und Wahrheit, oder versöhnt es damit, dass die Erzeugung des Logos im Logos immer auf die Verzerrung jedes dem Wissen und der Wahrheit gemeinsamen Maßes verweist? Um darauf zu antworten, bietet es sich an, auch einmal auf dem Kopf zu gehen.

*Übersetzung aus dem Französischen*
*von Mathias Kropfitsch*

## Wozu noch *Minima Moralia*?

»Es gibt kein richtiges Leben im falschen.« Dieser
Satz verzeichnet historisch die Unmöglichkeit jeder
Moralphilosophie – auch der Kants –, die das Unbedingte aus seiner Einbindung in jedwede Befähi-
gung löst. Doch verlangt diese genauso berühmte
wie emphatische Absage Adornos eine Ausdifferen-
zierung. Gibt es ein politisches Leben im falschen?
Gibt es ein Leben der Kunst im falschen? Gibt es ein
philosophisches Leben im falschen? Die Moralia,
seien sie noch so minimal, können sich nur bewäh-
ren, wenn sie diesen Variationen Rechnung tragen.

### Die Unmöglichkeit des Philosophen

Wozu noch *Minima Moralia*? Die Frage ergibt sich
zunächst aus dem klaustrophobischen Eindruck,
den diese traurige Wissenschaft macht. Das Buch
entstand in den Jahren 1943 bis 1948. Nicht nur ist,
laut Theodor Adorno, der kritische Impuls aus den
gesellschaftlichen Formen verschwunden, auch die
historische Form der subjektiven Autonomie ist ruiniert:

Es [das Subjekt] meint seiner Autonomie noch sicher zu sein, aber die Nichtigkeit, die das Konzentrationslager den Subjekten demonstrierte, ereilt bereits die Form von Subjektivität selber. Der subjektiven Betrachtung, sei sie auch kritisch gegen sich geschärft, haftet ein Sentimentales und Anachronistisches an: etwas von der Klage über den Weltlauf, die nicht um seiner Güte willen zu verwerfen wäre, sondern weil das klagende Subjekt sich in seinem Sosein zu verhärten droht und damit wiederum das Gesetz des Weltlaufes zu erfüllen.[1]

Ob dieser einleitende Satz das Problem nennt, das von Adorno angerissen wird, oder ob die regressive Dimension von Klage einfach den Inhalt des Buches beschreibt, bleibt dahingestellt. Nicht nur wird es Klage auf Klage geben, sondern zudem ist diese Klage dezidiert modern, reflexiv. Ganz anders als die mahnenden, furchtbaren Klagen des antiken Chors werden Adornos Klagen sofort von einer hellsichtigen Absicherung gegen ihre eigene folgenschwere Wirkung begleitet. Wer sich mit einem solchen selbstreflexiven Stil schwertut, wer gegen die Autorität von leerem Pathos Abneigung hegt, kann das Buch gleich wieder schließen. Folgende Untersuchung ist ein Versuch, den Mut zu erhellen, der von diesem Pathos ausgeblendet wird, obwohl Adornos Diagnostik ihn erheischt.

Wie stellt sich das Buch heute dar? Der Zugriff von der Gegenwart aus bedeutet auf keinen Fall, es auf irgendeine Aktualität abzuklopfen und festzustellen, dass alles noch viel schlimmer gekommen ist, dass Adornos übertriebene Prophezeiung retrospektiv sich als positives Faktum ausweist. Es heißt vielmehr, die unzeitgemäße Relevanz seiner Kritik für seine eigene Zeit und auch für uns zu befragen, ohne von der Kluft abzusehen, die uns davon trennt.

*Minima Moralia* hat einen breiteren und einen engeren Fokus. Der breitere untersucht, wie sich die Widersprüchlichkeit der kapitalistischen Tauschgesellschaft bis ins Verborgenste der individuellen Existenz ausbreitet. Zugleich schließt diese umfassende Perspektive eine Engführung ein. Wenn das Gesellschaftliche zur Substanz des Individuellen geworden ist, wie steht es dann überhaupt noch mit der »Möglichkeit des Philosophen«, um mit Nietzsche zu sprechen? »Es gibt kein richtiges Leben im falschen.« Dieser ständig ohne jeden Kontext zitierte Satz meint etwas mehr als eine Denunzierung oder Demaskierung von konformistischen moralischen Anmaßungen. Es ist das philosophische Leben, das, wenigstens seit Plato, ein richtiges Leben im falschen ist, und die Lehre eines solchen an der Wahrheit orientierten Lebens, welche die konsumierbare Privatexistenz *nolens volens* aufgekündigt hat, ist eben nichts anderes als das, was einst dem Philosophen Leben hieß. Dieser griechische Einschlag des Problems ist bei Adorno spürbar, wenn auch durch Nietzsche vermittelt.

Die Singularität dieses Buches unter allen Büchern Adornos hat hier ihren Ort. Die Askese des Denkens stellt sich in ihm nicht als Modell, als Studie oder gar als Theorie dar, sondern als die eines bestimmten Falles, des Falles Adorno. Letzterer nimmt sich sozusagen selbst als denjenigen, an dem die philosophische Existenz erprobt wird. Nietzsche konnte wohl gewisse Züge und Bedingungen der philosophischen Existenz isolieren und benennen. Es gibt keinen verheirateten Philosophen, der gehört in die Komödie. Es gibt keinen, der sich nicht seine eigene Wüste sucht, keinen, der ohne Distanz zum Pöbel wäre, keinen, der sich nicht gegen die Sinnlichkeit kehrt, usw. Aber wie steht es mit dem Philosophen, wenn es sich nicht mehr um diese oder jene Bedingungen seiner Existenz handelt, sondern um seine Existenz selbst? Hat eine Welt, die das Leben der Menschen in Konkurrenz und Tausch einteilt, den Philosophen nicht einfach durch seine vollkommene Lächerlichkeit abgeschafft, sei er Publizist oder Akademiker?

Das Problem ist nicht primär soziologisch, es betrifft jede kritische Ausübung von Philosophie schlechthin. Selbstkritik der Vernunft, so Adorno, meint die Anwesenheit einer denkenden Subjektivität inmitten der historischen Vermittlungen von Objektivität. Subjektivität, so seine paradoxe Auffassung, bezieht ihr denkendes Tun aus der Immanenz des historischen Kontexts, aber nur insofern sie mit dieser Immanenz bricht. Vernunft rekurriert zwar auf begriffliche Identifikation, aber sie ist in der Differenz von Denken und Sein angelegt, auf eine unzugängliche Materialität verwiesen, die in sie hineinragt und der sie einzig negativ, als Nicht-Identisches gerecht werden kann. Jedoch wird in *Minima Moralia* sofort die Reichweite der Selbstkritik von Vernunft eingeschränkt: Angesichts der historischen Bedingungen, der Siege der Nazis in Europa, angesichts Auschwitz' (im dritten Buch), angesichts der vom Spätkapitalismus vollbrachten gesellschaftlichen Integration ist die kollektive Fähigkeit zur selbstkritischen Subjektivität, die Politik heißt, liquidiert worden.

Sofort präzisiert sich das Dilemma der Unmöglichkeit des Philosophen. Wenn in der kollektiven Dimension der Existenz das Nicht-Identische getilgt ist, dann herrscht in ihr nur Macht. Das verbucht Adorno unter dem Titel von »gesellschaftlicher Herrschaft«, die nach Gillian Roses *Melancholy Science* »den Produktionsprozess als übermächtig emphatisiert und Verdinglichung als Synonym für ein Prinzip der Macht versteht, das universell und unverortbar ist und das alle gleichermaßen trifft«.[2] Ferner fällt diese Macht rückwirkend auf das individuelle Denken selbst zurück; die Liquidation des kollektiven Nicht-Identischen lässt jedes kritische Denken ohnmächtig werden. Wenn die Teilhabe von Intelligibilität am Wirklichen gleich null ist, wenn sie verschwunden ist, dann gibt es einfach nichts mehr zu denken. Damit ist auch jedes Anliegen des Philosophierens gelöscht. Wozu noch *Minima Moralia*, in der Tat.

### Vom Kontemplativen zum Ironischen

Wie man weiß, verdreht Adorno diese Schwierigkeit zum Objekt eines Zwistes. Es gibt nichts mehr zu denken als dieses Verschwinden von Vernunft selbst im Sog der überwältigenden Logik der Verwertung. Der Philosoph hat seine Sonne verloren, verirrt sich in der Höhle und erfährt die Wahrheit nur noch an dem Leiden, das ihm diese dunklen Zustände bereiten. Er verfasst traurige Reflexionen »unter den Bedingungen der Kontemplation«[3] – keine aufsteigende Betrachtung, sondern eine, die sich an den Verzerrungen der Objekte orientiert. Diese eigenartige Kontemplation, die in den Schrullen des Scheins verharrt, bürgt für die Wahrheit des Nicht-Identischen, unter dem Leitmotiv der Ohnmacht.

Die kontemplative Haltung wird im einleitenden Absatz angekündigt. Nichtsdestotrotz hat das Buch mehr als ein Ass im Ärmel und wechselt zwischen Kontemplation, Ironie, Humor, Selbstanalyse, Gestik und Takt. Meine Hypothese lautet: Von einer Umwertung der Ohnmacht hängt die Relevanz von *Minima Moralia* ab. Für Adorno selbst ist das Problem nicht, einen Weg aus der Ohnmacht heraus, sondern einen Weg in sie hinein zu finden. »Die Angst vor der Ohnmacht der Theorie liefert den Vorwand, dem allmächtigen Produktionsprozess sich zu verschreiben und damit erst vollends die Ohnmacht zuzugestehen.«[4]

Wohl gibt es eine theoretische Haltung, für welche die Diskontinuität gegenüber der Praxis entscheidend ist, nämlich eben Kontemplation. Kontemplation aber wähnt sich meist nicht ohnmächtig, sie erzielt vielmehr einen Zugang zum Wesentlichen, unter Abstrich der Erscheinungen. Dagegen verschreibt sich die Adorno'sche Ohnmacht des

Kontemplativen restlos dem Schein der Objekte. Ohne Drang, ohne Einverleibung reflektiert sie deren verzerrte Züge in der »chimärischen Vorwegnahme eines edleren Zustandes der Menschheit«. Ohnmacht meint die »gewaltlose Betrachtung«[5] des Objektes, von der »alles Glück der Wahrheit kommt«,[6] sie haftet am Utopischen.

Das Unzulängliche dieser Aufschlüsselung liegt auf der Hand. Welchen Zugang hat »gewaltlose Betrachtung« zu genau den Objekten, die für Adornos Diagnostik ausschlaggebend sind, nämlich zu faschistischer Gewalt und maßlosem Krieg? Gerade an diesen Objekten scheitert das Kontemplative. An ihnen schlägt die Theorie einen Richtungswechsel ein, weg von der Kontemplation, hin zur Ironie. So stellt der Krieg an uns die laut Adorno »fast unlösbare Aufgabe«, die Formen der faschistischen Gewalt zu denken, eine Aufgabe, die darin besteht, so die Formel, »sich weder von der Macht der anderen noch von der eigenen Ohnmacht dumm machen zu lassen«.[7]

Man könnte einfach entgegensetzen: Gibt es überhaupt eine Ohnmacht, die nicht dumm macht? Sich von der Angst vor der Macht zu befreien, ohne sich von der Ohnmacht der eigenen Entstellung zu befreien, die uns an sie ausliefert, so lautet die paradoxe Antwort, die hier eine »fast unlösbare Aufgabe« bildet. Wie kann man aus der Ohnmacht selbst die Wahrheit eines solchen objektiven Unheils erfassen?

Dieser Weg der Wahrheit durch eine unmögliche Alternative wird durch einen idiosynkratischen Gebrauch der Ironie bewerkstelligt. Ohnmacht wird als eine negative Grenze betrachtet, die ein grelles Licht auf alle Zustände des Krieges wirft, sie allesamt der Tendenz zuordnet, in der Macht mit ihrer gänzlichen Maßlosigkeit zusammenfällt, in der alle Widerstände vernichtet sind. Diese Tendenz selbst wird als die Wirklichkeit gesetzt, welche schon eingetreten ist, die sozusagen bereits stattgefunden hat. Dieses übertriebene Extrem wiederum, oder diese Abbreviatur von einer Macht ohne Draußen, einer »vollendeten Unfreiheit«, produziert eine Wahrheit des Gegenwärtigen anstelle jeder notwendig partiellen Erkenntnis davon.

Wie aber bestimmt sich eine solche Wahrheit? Zum einen kann diese Wahrheit, die das Wissen aufgekündigt hat, auch von keinem Wissen revidiert werden: daher die oft paralysierte Haltung, die Adornos Werk hervorruft. Ferner ist diese intelligibel gewordene Kluft zwischen Wahrheit und Wissen wieder der Ohnmacht des Wahren verschrieben, sodass die Ausweglosigkeit dieser Intelligibilität geradezu zur Bedingung ihrer Möglichkeit erhoben wird. Das bezieht Adorno ein, wenn er schreibt: »Je leidenschaftlicher der Gedanke gegen seine Bedingtheit sich abdichtet um des Unbedingten willen, um so bewusstloser, und damit verhängnisvoller, fällt er der Welt zu. Selbst seine eigene Unmöglichkeit muss er noch begreifen um der Möglichkeit willen.«[8]

In der qualifizierten, denkenden Ohnmacht gilt die antizipierte Vernichtung aller gegenläufigen Tendenzen als Wahrheit; damit formuliert Adorno sozusagen die dystopische Fassung des politischen Manifests. Wo Marx das »Nichts« des Proletariats als programmatischen Statthalter einer emanzipierten Zukunft einsetzt, antizipiert *Minima Moralia* die vollbrachte Vernichtung jeder Menschlichkeit als luzide Darstellung der Irrationalität des Gegenwärtigen, als Darstellung seiner »Risse und Schründe«.[9] Was aber unterscheidet diese Darstellung überhaupt noch von einer abschließenden Feststellung und somit von der Gefahr, die Ohnmacht der Wahrheit einfach wieder mit der Herrschaft selbst zu identifizieren? Diese unglückliche Extrapolation wird von all den unzähligen Interpretationen vollzogen, welche die Selbstkritik der Vernunft instrumentell formulieren, sich der Reflexion Adornos bedienen, um eine Wahrheit »über« die Herrschaft zu produzieren.

Adorno gibt zwar Anlass für eine solche Verschiebung, aber er selbst hält fest an seiner Einsicht: Das Ganze ist das Unwahre. Konsequent heißt das auch: Die durchkapitalisierten Verhältnisse sind falsch, oder: Es gibt keine Wahrheit des Kapitalismus. Und weiter: Die Zerstörung der Vernunft fällt nie einfach mit ihrer Unbedingtheit zusammen. Die dargestellte Irrationalität ist eben nicht das Ganze; ihre in sich konzentrierte Negativität, einmal vollständig ins Auge gefasst, »schießt zusammen zur Spiegelschrift ihres Gegenteils«,[10] so der berühmte letzte Abschnitt des Buches. Somit wären wir auf kürzestem Weg wieder bei der negativen Utopie angelangt und sind, was die historische Ohnmacht betrifft, keinen Schritt weiter.

## Der Mut

Dagegen verharrt der Umweg bei der unlösbaren
Aufgabe der Entmischung von Macht und Denken,
welche die Auseinandersetzung mit den faschistischen Gewalten erfordert. Adornos Formel, noch-
mals wiederholt, verlangt vom denkenden Subjekt,
»weder von der Macht der anderen noch von der
eigenen Ohnmacht sich dumm machen zu lassen«.[11]
Das Erste meint auf alle Fälle, sich von der Angst
vor der Macht zu befreien. Bleiben wir dabei, ohne
gleich die ganze Abfolge zu konzedieren. Entrückt
die Befreiung von der Angst nicht auf ein Winziges
den Bannkreis der Gewalt, um in Adornos Vokabular zu bleiben? Was hindert ein Denken, das sich
von seiner Angst vor der Macht befreit, eine Kraft
auszuüben, die weder aus dieser selben Macht hervorgeht noch sich aus ihr speist? Diese errungene
Furchtlosigkeit bezeichnet dann eben nicht nur wieder eine Gegenmacht, sondern das Nicht-Identische
des ohnmächtigen Denkens selbst, das Mut genannt
werden kann.

Wird Mut zu einer der Leidenschaften des Denkens, das um des Unbedingten willen sich exponiert,
dann weiß man plötzlich nicht mehr, was ein solches
Denken kann oder nicht kann. Es kann gewaltloses
Betrachten des Objekts sein, es kann aber auch eine
kollektive, gewaltige Unterbrechung der Rationalität
von Macht mit sich bringen, die nicht selbst wieder
der Macht zukommt, sondern die den Einfall eines
nicht-daseienden Ganzen inmitten des faschistischen Terrors bezeichnet. Genau das qualifiziert

Teile der inneren französischen Résistance und kommt zur Darstellung in René Chars *Hypnos, Aufzeichnungen aus dem Maquis (1943–1944)*,[12] das 1948 veröffentlicht wurde.

Es lohnt zu bedenken, dass es nicht wenige Dichter und Denker in der Résistance gab: René Char, Georges Canguilhem, Jean Cavaillès, Jean Cassou usw. Denn zum Teil entsteht die Résistance, wenigstens der Maquis, ja aus genau derselben Diagnostik wie die Adornos: Das Morsche jeder Machtpolitik ist flagrant, die Klassenpolitik ist liquidiert, es ist mehr als klar, dass Geschichte kein Prozess der Vernunft ist. Der Maquis findet sich als Konsequenz dieser Diagnostik zusammen. Politik kann es nur noch geben *qua* einer Neuerfindung ihrer einfachsten Gesten – kämpfen, organisieren, sprechen –, Gesten, die aus der natürlichen wie der menschlichen Umgebung ihre Kraft ziehen. Inmitten der tobenden Irrationalität schreiben die Maquisards Spuren der kollektiven Vernunft in die Geschichte ein, ohne diese Spuren aus einer hypostasierten historischen Dialektik abzuleiten. Wie sich die Möglichkeit einer Welt ohne Herrschaft zur Herrschaft verhält, beides ineinander verstrickt, ohne notwendige, teleologische oder historische Ableitung von einem zum anderen, machen sie von dem kollektiven Vertrauen in eine andere Welt abhängig, ein Vertrauen, das ihr eigener Widerstand in die Tat umsetzt.

Die Maquisards nannten sich »*les vaincus invaincus*«, die unbesiegten Besiegten. Im Editorial vom 1. Januar 1941 der Zeitschrift *Libération* der Gruppe Libération-Sud heißt es:

Man hat uns so sehr eingetrichtert, dass wir nichts mehr besitzen, keine Armee, keine Waffen, keine Moral, dass es gelungen ist, den Rest unserer verbliebenen Kraft vor uns zu verbergen. Es bleibt uns wenig, in der Tat, aber dieses Wenige ist mehr als ausreichend, um ins Gewicht zu fallen. […] Seien wir der Niederlage [der deutschen Nazis] sicher, und seien wir sicher, wenn diese Niederlage […] erst in ein, zwei, drei Jahren kommt, dass die ein, zwei, drei Jahre der Kollaboration mit der Pest wahrlich nicht glücklicher und um wie viel schäbiger sein werden, als diese Jahre im Widerstand zu verbringen, als UNBESIEGTE BESIEGTE.[13]

Bei Adorno ist viel eher die Rede von Opfern als von Besiegten. Das ist motiviert von und geht einher mit dem Rekurs auf Ohnmacht. Nach Adorno kann nur die Ohnmacht das Denken leiten, weil Gewalt der Herrschaft verschuldet ist. Die einzige Gewalt, die nicht daran teilhat, die dem Denken angehört, ist das Leiden. Oder, um es nuancierter auszudrücken: Wohl gibt es in seiner Philosophie eine Gewalt des spekulativen Denkens, in seinem mimetischen Impuls, doch wird sie immer wieder an einen ethischen Verzicht auf Versöhnung abgegeben. In diesem Sinne gedeiht der Mut des Denkens höchstens im Zu-sich-selbst-Kommen seiner Ohnmacht, als unerschrockene, aber verzweifelte Intelligenz.

An dieser Stelle markiert sich die Divergenz. Es geht nicht darum, die Differenz der Situation einer erzwungenen jüdischen Emigration und der einer politischen Entscheidung zu verwischen; es geht darum, die Ausübung des Denkens an ihren Variationen zu erfassen. Behauptet wurde, dass jede Loslösung von der Angst – eine Loslösung, die ja intrinsisch zur Hellsichtigkeit des Denkens gehört – gleichzeitig auch eine Differenz zur Ohnmacht freilegt. Es gibt eine Gewalt des Denkens, die nicht der Herrschaft angehört, einen Mut, ohne den so etwas wie Denken überhaupt nicht stattfindet und der weiterhin Anlass sowohl zur Politik wie zur philosophischen Kritik bildet. Das Problem ist nicht faktisch, es betrifft nicht die konsequente Nichtbeachtung von Konflikten und Kämpfen in Adornos Text, wie sehr auch diese Aussparungen angesichts seines Pathos irritieren. Das Problem betrifft seine philosophische Orientierung, in der ironisches Misstrauen gegenüber jeder denkenden praktischen Subjektivität quasi zur Bedingung der gewaltlosen, kontemplativen Verknüpfung von Schein und Wahrheit umgemünzt wird.

Wohl kann unter den historischen Bedingungen der Liquidation von Politik die »ironische« Herausstellung der Vernichtung auf die Möglichkeit einer Welt ohne Herrschaft inmitten der Herrschaft hindeuten, sogar wenn beides ineinander verstrickt bleibt, ohne notwendige teleologische oder historische Ableitung von einem zum anderen. Doch verliert diese kritische Ironie ihre eigene historische Relevanz, wenn ihre Haltung sich immer wieder an dem Ausbleiben jeder anderen Modalität von Kritik bestätigen muss. Das macht sie tendenziell blind für die Spuren der Vernunft, die es zu ermitteln gilt, und verurteilt sie selbst dazu, nichts als ein historisches Nachbild der totalisierenden bürgerlichen Philosophie zu sein. Und was ist trauriger als ein Nachbild zu sein?

*Minima Moralias* tautologischer Stil der Ohnmacht ist scharfsinnig, witzig, ja oft frappant. Aber er hält nicht stand. Die Menschheit macht Pläne, und Gott lacht, so der jüdische Witz. Der Komponist macht Pläne, und die Musik lacht, so Morton Feldmann. Der Philosoph gibt vor, nur noch gewaltlose Betrachtung am Gegenstand zu üben, und der Gegenstand lacht, so Karl Marx.

## Kleist als Stenograf.
## Eine politisch explosive Anekdote

Erdbeben – Chile – Erhebung – Französische Revolution – Sklavenaufstand – St. Domingo – heroische Frauen – Marquise von O, Penthesilea. Das Werk Heinrich von Kleists beschleunigt unaufhörlich die blitzartige Rückwirkung des Konfliktstoffs der Welt auf unser Leben. Sein Schreiben ist voll und ganz der Eile gewidmet, nicht im psychologischen Sinne dieses Begriffs, sondern in ihrem Verhältnis zum Ereignis.

Ausgehend von einer Beziehung zur Gewalt ist der erste Kleist'sche Ausdruck des Ereignisses der einer Kollision, die sich in der Unruhe der jungen Leute auf der Suche nach dem Glück manifestiert:

> Alle ihre Schritte und Bewegungen scheinen nur die Wirkung eines unfühlbaren aber gewaltigen Stoßes zu sein, der sie unwiderstehlich mit sich fortreißt. Sie erscheinen mir wie Kometen, die in regellosen Kreisen das Weltall durchschweifen, bis sie endlich eine Bahn und ein Gesetz der Bewegung finden.[1]

Meist geht dieser Stoß nahezu ohne Unterbrechung in seinen eigenen Exzess über. Die Rebellion gegen die Willkür entledigt sich dieser, indem sie sich in eine wütende Zerstörung überträgt, wie etwa in der Novelle *Michael Kohlhaas*. Seltener, aber doch gelegentlich, löst die Geschwindigkeit des Affekts sich nicht ins Nichts auf, sondern wird zum unberechenbaren Element innerhalb einer Situation, zu dem, was deutlich macht, dass die Ordnung eine Sache des Konflikts ist und der Konflikt eine Sache dessen, was noch nicht ausgespielt wurde. Unter diesem zweiten Gesichtspunkt erscheint der Kleist'sche Ausdruck des Ereignisses als der eines Unentscheidbaren.

Für Kleist, in dieser Hinsicht ein Kind der Romantik, ist das Verhältnis zum Ereignis in der Zeit der Geschichte gefasst. Aber was ihn in diesem Zusammenhang heraushebt, ist seine Zurückweisung der unendlichen Reflexion des Subjekts, seine Weigerung, sich der Entfaltung eines Verhältnisses zu sich selbst anzuvertrauen. Genauer noch, es ist die Logik des Konflikts, auf die Kleist sich fokussiert und die bei ihm zusammenfügt, was sonst getrennt bliebe: Sprechen, Denken und Handeln. Schreiber der Geschwindigkeit ist Kleist vor allem durch sein Vermögen, die Zeitlichkeit der Disharmonie bis zum äußersten Punkt zu dehnen, an dem der Rhythmus des Satzes buchstäblich in seine körperliche Erfassung über- und durch sie hindurchgeht, in und durch seine Zirkulation an der Kreuzung der Typografie und der Seite, der Gesten und des Textes, der Äußerung und der Denomination.

Die legendäre Schnelligkeit von Kleist, der seine Erzählungen beendet, noch bevor er sie beginnt, seine Sätze peitscht, eine Geste anstelle einer Entwicklung geltend macht, das alles bezeugt sein Begehren, so schnell wie möglich die kleinsten Merkmale seines Vorgehens zu notieren, dessen Stenograf zu sein. Noch paradoxer ist, wie dieser »unaussprechliche Mensch« sein Talent zur Zusammenfassung heranzieht, um von einem heterogenen Gewühl winziger Indizien in der Geschwindigkeit Notiz zu nehmen, in der sie erscheinen, dort, wo der große Text der Französischen Revolution sich ausstellt. Kleist fragt unaufhörlich nach dem, worin die Eile des körperlichen Affekts aus dem Inneren selbst einer heterogenen Situation die Äußerung anregt, durch welche jene in die Logik des Ereignisses umschlägt. Auf diese Eile wird anhand eines einzelnen kleinen Textes eingegangen werden: »Über die allmähliche Verfertigung der Gedanken beim Reden«.[2] Davor ist es zweckdienlich, kurz einige Züge des Werkes abzurufen.

Bei diesem Schriftsteller ist es die gewaltsame Projektion von Figuren aus dem Lauf der Dinge heraus, die ihre aus dem Orbit genommene Laufbahn eröffnet und sie in Kometen verwandelt, deren kopflose Laufbahn eine Suche nach ihrem eigenen Gravitationszentrum darstellt. Kleist geht von diesem Aus-der-Bahn-Geworfensein aus, als Erzähler ebenso wie als Essayist, Chronist oder Verfasser von Dramen. Stets positioniert er sich aufseiten der Figuren, ohne sie zu erklären, aber indem er ihre Desorientierung bezeugt. Diese lässt sich an den Wirkungen ablesen, die sie hervorruft, an den physischen Unruhen, die die Körper ergreifen, den

durch die Dialoge ausgelösten Fehlern, den ver-
unsichernden Elementen, die die Erzählung vor-
antreiben. Es ist auch dieses Ungreifbare, das unter
der Wirkung eines Unvermögens *zu sagen* in die
Rede zurückkehrt und den Autor seinen Figuren
annähert. In eine Unbeständigkeit geworfen, die
ihn gewaltsam in einen Gegensatz mit der Ordnung
der Welt bringt, findet Kleist sich außer sich gesetzt,
während er gleichzeitig sein Unvermögen feststellt
zu erklären, was ihn affiziert. Die Dringlichkeit
für ihn, Worte zu finden, ist so stark, dass er seiner militärischen Karriere Hals über Kopf ein Ende
macht und sich in die Prekarität einer dem Schreiben gewidmeten Existenz stürzt.

Von da an wird alle Anstrengung des Schriftstel-
lers Kleist sich auf dieses Unaussprechliche richten.
Doch bedeutet zum Ausdruck zu gelangen für ihn
keineswegs, ein Verhältnis zu sich selbst herzustellen.
Das Selbst der Kleist'schen Figuren ist ein von dem,
was ihnen zustößt, durchdrungenes Kraftfeld; ihr
Inneres ist in keiner Weise aus Geist oder aus reflexi-
ver Erhebung gemacht, sondern aus blutigen Organen,
aus Nervenmasse. Im »Findling« tötet der wütende
Vater seinen Adoptivsohn, indem er sein Gehirn an
der Wand eindrückt. Penthesilea ist nicht innerlich
zerrissen, sie zerreißt Achilles buchstäblich mit ihren
Zähnen und verschlingt ihn. Schließlich, in einem
Brief an seine Schwester Ulrike, schreibt Kleist: »Ich
weiß nicht, was ich Dir über mich *unaussprechlichen*
Menschen sagen soll. – Ich wollte ich könnte mir das
Herz aus dem Leibe reißen, in diesen Brief packen,
und Dir zuschicken. – Dummer Gedanke!«[3]

Ein solches Päckchen wäre Mike Kelleys würdig. Es nötigt dazu, das Unaussprechliche an dem Punkt zu denken, an dem Kleist es situiert, dem Punkt, an dem die wortlose Unordnung eines Körpers mit der Intelligibilität zusammenstößt, von der das Wort bewegt wird. Das Unvermögen *zu sagen* verweist weniger auf eine Leere als eine Überfülle an Dingen, einen solchen Zufluss an Affekten und Wörtern, dass jede mögliche Äußerung zerfällt. Diese Unmöglichkeit *zu sagen* hat in keiner metaphysischen Region ihren Ursprung, sie ist zunächst physisch. Für Kleist sind es die unerklärbaren Fakten, die den Gedankengang erregen, ihn in die Wege leiten. Indem er auf einen solchen Anfang aufbaut, wird er eine Schneise in der gegebenen Ordnung der Dinge eröffnen, wird er einen Gedanken entfalten, der sich nicht klar greifen lässt, sondern beim Sprechen kommt, in der »allmähliche[n] Verfertigung der Gedanken beim Reden«.[4]

Der Essay präsentiert sich als eine Reihe von Anekdoten, die mehrere *Zeitlupenbilder* des Denkprozesses konstituieren. Die Bilder des Textes haben alle eine Bedrängnis zum Ausgangspunkt, die sie auffalten, indem sie einen Abstand zwischen den Worten und dem Körper einführen. Um diesen Prozess zu entziffern, ist es notwendig, sich nach der Weise zu erkundigen, in der die Äußerung sich auf eine Gestik stützt.

Der Bericht beginnt mit einer Szene des Scheiterns. Wie ist ein Anfang zu finden, wo doch die konzentrierte Organisation der Reflexion auf der Stelle tritt? Kleist gelangt dorthin, indem er seinem

Regimentsfreund Rühle von Lilienstern einen Rat erteilt. Wer sich in einsamer Meditation festgefahren habe, solle mit dem Erstbesten sprechen, sich in die Dringlichkeit der Äußerung versetzen, sich hineinstürzen, denn »l'idée vient en parlant«.[5]

Die durch diesen Satz hervorgebrachte Wirkung ist auf Rühle von Liliensterns Gesicht abzulesen. Der Text stellt ihn an der Seite Kleists dar, der fortfährt: »Ich sehe dich […] große Augen machen, und mir antworten, man habe dir in frühern Jahren den Rat gegeben, von nichts zu sprechen, als nur von Dingen, die du bereits verstehst.«[6] Große Augen. Anstelle eines Wortes ist da zunächst ein Gesicht, das Erstaunen rückspiegelt. Indem er seine eigene Perplexität aus sich herauskippen lässt in den Ausdruck, der über das Gesicht seines Kameraden zieht, annulliert Kleist die ohnmächtige Einsamkeit der Kontemplation. Das Unverständnis, das er in den Augen Rühle von Liliensterns antrifft, macht die Schwierigkeit deutlich, die er hat, sich auszudrücken. Er geht nun zur nächsten Anekdote über, in der er beschreibt, wie er seine Ideen »auf der Werkstätte der Vernunft« fabriziert.

Hier handelt es sich um eine Dialogsituation zwischen Bruder und Schwester, wobei Kleist darauf achtet, sie vom sokratischen Dialog abzugrenzen. Ulrike praktiziert keine Mäeutik, bei der sie ihrem Bruder durch geschickte Fragen hilft, herauszufinden, was er bereits weiß. Der Dialog verweist auf die Schwierigkeit, die ihm Erkenntnisprobleme in Mathematik oder Rechtswissenschaften bereiten. In beiden Fällen ist die Dringlichkeit zunächst nichts anderes als die Notwendigkeit, den Satz abzuschließen, der in der Vorahnung eines Gesuchten begonnen wird, aber ohne wirklich zu wissen, wohin es geht. Die Zusammensetzung dieses Satzes ist äußerst merkwürdig. So Kleist:

Ich mische unartikulierte Töne ein, ziehe die Verbindungswörter in die Länge, gebrauche auch wohl eine Apposition, wo sie nicht nötig wäre, und bediene mich anderer, die Rede ausdehnender, Kunstgriffe, zur Fabrikation meiner Idee auf der Werkstätte der Vernunft, die gehörige Zeit zu gewinnen. Dabei ist mir nichts heilsamer, als eine Bewegung meiner Schwester, als ob sie mich unterbrechen wollte; denn mein ohnehin schon angestrengtes Gemüt wird durch diesen Versuch von außen, ihm die Rede, in deren Besitz es sich befindet, zu entreißen, nur noch mehr erregt, und in seiner Fähigkeit, wie ein großer General, wenn die Umstände drängen, noch um einen Grad höher gespannt.[7]

Die Äußerung ist eine Werkstätte – ein Ort der Produktion –, in der heterogene Elemente kombiniert werden. Der Gedanke geht von der Bewegung aus, die zwischen den Wörtern, den Affekten, den Lippen dessen abläuft, der sie ausspricht, aber auch von der Spannung zwischen Kleist und dem Arm seiner Schwester, die ihn zu unterbrechen droht. Der Bruder findet in diesem äußeren Anstoß die Energie einer beinahe militärischen Konfrontation, und so führt er zu seinem eigenen Erstaunen seinen Satz bis zum Sieg seines schlüssigen Ausgangs.

Die Geschwindigkeit setzt sich als eine Verzögerung innerhalb eines Gedankenblitzes ins Werk. Kleist setzt ein Intervall genau an der Stelle, an der sich ein Schnitt andeutet. Eine solche Geschwindigkeit spart keine Zeit, ganz im Gegenteil: Sie schöpft aus einer Eile, die der Panik entgegenwirkt, aus einer Spannung, die gegen das Schwinden der Idee ankämpft, kurz, sie deutet auf die subjektive Affizierung dessen hin, der die Regel seiner Vernunft nur in der Aufmerksamkeit findet, die er von seinem Gesprächspartner verlangt.

Die Idee bleibt nämlich immer ein wenig hinter dem Vorsprung zurück, den die Erregung desjenigen hat, der mit einem anderen spricht. Dieser Vorsprung ist unabdingbar, denn er ist es, der im Satz die Übergänge bewirkt und das Ganze auf seinen Abschluss zubewegt. Ein weiteres Mal verwandelt der Affekt sich in eine Ressource. Nicht nur gestattet Kleists Satz ihm, »jene verworrene Vorstellung zur völligen Deutlichkeit aus[zuprägen]«, sondern er verankert zudem die Äußerung in der Antwort auf Ulrikes Geste. Wer solcherart darauf besteht, ausgehend von seiner Entfernung zu einem anderen zu formulieren, holt ein, was ihn affiziert – den Stoß, den er erlitten hat und der ihm entgleitet –, genau an dem Punkt, an dem Letzterer in den Raum einer geteilten Vernunft einbricht. Die Frage des Denkens kann nun aufhören, ausschließlich eine Frage der Erkenntnis zu sein, und geht in die Erhellung einer kollektiven Situation über.

Das Dispositiv des Lernens macht Platz für eine andere Landschaft des Ausdrucks. Das Problem der

Formulierung verweist nicht mehr auf die Erstarrung eines Individuums, das durch eine angeblich unbewegliche Ordnung erdrückt wird, sondern auf eine sinnliche Erschütterung der kollektiven Existenz: Sein Einsatz wird politisch. Bei Kleist polarisiert die Situation einer gemeinschaftlichen Uneinigkeit Affekt und Denken aufs Höchste, und so kulminiert sein kleiner Essay in einer Anekdote über die Französische Revolution, genauer in einem einzigen Satz dieser Anekdote: demjenigen, den der Schriftsteller in den Mund Mirabeaus legt, als die drei Stände am 23. Juni 1789 aufgefordert sind auseinanderzugehen. Es handelt sich um einen fiktionalen Satz, formuliert ausgehend von seinen verschiedenen historischen Versionen, die ebenfalls in den Maschen der Fiktion gefangen sind.

Die drei Stände verlassen die Salle des Menus Plaisirs in Versailles nicht, ungeachtet des Befehls, der ihnen dazu vom König bereits gegeben worden ist. Sein Gesandter, der Marquis de Dreux-Brézé, kehrt wieder und fragt, ob sie vernommen hätten, was der König anbefohlen habe. Kleist berichtet von der Antwort, die darauf folgt:

»Ja«, antwortete Mirabeau, »wir haben des Königs Befehl vernommen« – ich bin gewiß, daß er bei diesem humanen Anfang, noch nicht an die Bajonette dachte, mit welchen er schloß: »ja, mein Herr«, wiederholte er, »wir haben ihn vernommen« – man sieht, daß er noch gar nicht recht weiß, was er will. »Doch was berechtigt Sie« – fuhr er fort, und nun plötzlich geht ihm ein Quell ungeheurer Vorstellungen auf – »uns hier Befehle anzudeuten? Wir sind die Repräsentanten der Nation.« – Das war es was er brauchte! »Die Nation gibt Befehle und empfängt keine« – um sich gleich auf den Gipfel der Vermessenheit zu schwingen. »Und damit ich mich Ihnen ganz deutlich erkläre« – und erst jetzo findet er, was den ganzen Widerstand, zu welchem seine Seele gerüstet dasteht, ausdrückt: »so sagen Sie Ihrem Könige, daß wir unsre Plätze anders nicht, als auf die Gewalt der Bajonette verlassen werden.« – Worauf er sich, selbstzufrieden, auf einen Stuhl niedersetzte.[8]

Ein Stückchen weiter bemerkt Kleist, dass es vielleicht ein Zucken der Oberlippe des Gesandten war oder ein zweideutiges Spiel an der Manschette, was in Frankreich den Umsturz der Dinge bewirkte; die Geste stellt die physische Konfrontation zur Schau, die sich mit derjenigen der Ansprache vermischt.

Der Satz des Abgeordneten ist offenkundig nicht derjenige, der wirklich ausgesprochen wurde. Für alle, einschließlich Mirabeau, kreuzen das revolutionäre Wort und das theatrale Wort sich unaufhörlich aufs Neue. Der fiktionale Charakter des Satzes spitzt sich durch die Weise zu, wie er uns von Kleist in Erinnerung gerufen wird, der, immer in Eile, die Bajonette vorwegnimmt, an die Mirabeau noch nicht einmal gedacht hat, was hier den paradoxen Effekt hat, die Spannung hervorzurufen, mit der man sie erwartet.

Dennoch greift Kleist nicht auf die mimetische Form zurück. Was auf dem Spiel steht, ist nicht, die theatrale Illusion eines lebendigen Wortes zu produzieren, sondern im Mittel des Schreibens den Prozess der Unterredung darzustellen, ohne dazu ein anderes Mittel zu haben als das stumme Wort des Textes. Um die Aussage von ihrem Prozess zu trennen, bezieht er sich selbst in den Text mit ein, mit dem Ziel, den Unterschied sichtbar zu machen. So signalisiert Kleist unaufhörlich seine eigene Anwesenheit, er zeigt sich als derjenige, der das Zögern interpunktiert, Übergänge konjekturiert, die Verbindungen der Aussage zerlegt und bewerkstelligt, ausruft und staunt über das, was sich da zusammenbraut. Er macht *zur gleichen Zeit* zwei Dinge, die einander entgegenwirken: Er äußert das Ereignis vom Inneren der Situation aus, ohne deswegen in die reine Immanenz zu fallen, und er äußert es außerhalb der Situation, ohne sich deswegen auf eine Transzendenz zu berufen, die sich jenseits ihrer Wirkungen befände. Die Logik seines Satzes trennt den Gegensatz zwischen Konstruktivismus und Präsenz auf, oder zwischen dem Inneren und dem Äußeren, indem sie die Affekte und Wörter reaktualisiert, durch die das Ereignis geht und besteht.

Die Gedankenstriche – die deutsche Sprache verfügt über einen besonderen Strich, der weniger einer grammatikalischen Regel entspricht denn einer stilistischen Intervention – markieren einen Zug des Denkens. Üblicherweise fallen die Abstände eines Satzes mit den typografischen Abständen zusammen, mit dem Weiß der Seite, auf die er geschrieben ist. Die Gedankenstriche verdoppeln diesen Abstand um ein Zeichen: Es sind schwarze Striche, die auf weiße Stellen des Denkens hindeuten, sie schalten sich zwischen die Wörter wie der Strom, der sie fortträgt. Und da Kleist im selben Essay bemerkt, dass »nicht *wir* wissen, es ist allererst ein gewisser *Zustand* unsrer, welcher weiß«,[9] lässt sich daraus schließen, dass diese Gedankenstriche die physische Erregung anzeigen (das, was intellektuelle Spannung genannt wird), in die versetzt ist, wer einen solchen Satz äußert. Die Gedankenstriche notieren den Impuls, der den Sprecher durchfährt und ihn drängt, die Formel seiner gewagten Erklärung zu finden. In ihnen und durch sie ist es sein Körper, der sich vermittels des Textes bemerkbar macht.

Die Interpunktionszeichen eröffnen und schließen nicht einfach nur den Satz: Sie setzen sich zu einer Notation seines Äußerungsprozesses innerhalb der Äußerung selbst zusammen. Was im Übrigen für die diskreten Zeichen gilt, gilt genauso für die Form, in der Kleist die Wörter selbst ins Spiel bringt. Brecht ist nicht weit, und Kleist ist Verfasser von Dramen. Doch während es das epische Theater sich zur Aufgabe macht, die Handlung zu unterbrechen, um die Geste sichtbar zu machen, macht Kleist es sich zur Aufgabe, eine Äußerung im Mittel der Schrift darzustellen. Für Brecht ist das Wichtige das Spiel des Schauspielers, der »seine Gebärden […] sperren können [muss] wie ein Setzer die Worte«.[10] Für Kleist ist das Wichtige die Komposition des Textes – man könnte fast sagen, sein *lay-out* –, welche die geschriebene Bedeutung sperren können muss, gleich einem Körper, der seine Rede sperrt. Wie Max Kommerell schreibt, verwandelt Kleist die Sprache selbst in ein gestisches Mittel.[11] Diese Gesten verweisen nicht auf etwas, das die Figuren ausdrücken, sie verweisen auf den Zustand, in den das Gespräch die Figuren versetzt. Die verworrene Diktion desjenigen, der selbst unter der Wirkung dessen steht, was er zu formulieren sucht: Solcherart ist der Zustand, der sich zeigt, der Veränderung preisgegeben, in einem für diesen Anlass zur Pantomime gewordenen Text.

Offensichtlich sagt der Satz von Mirabeau auch etwas aus, aber etwas, das er erfindet. In diesem Punkt kommt seine Ereignisdimension mit dem fiktiven Charakter der Sprache zur Übereinstimmung. Und das ist es, was Kleist darlegt: seine unerwartete und unvorhersehbare Logik. Aufgefordert, den Saal zu verlassen, taten die drei Stände es nicht. Mirabeau nimmt es auf sich, diesen Ungehorsam zu verantworten; er befindet sich in der drängenden Notwendigkeit, Worte zu finden, die fehlen; die Worte, in deren Namen die Versammlung sich legitimerweise geweigert hat, den Anordnungen des Souveräns Folge zu leisten. So geht es im vorliegenden Konflikt darum, wer das Recht hat Befehle zu geben, und wer angehalten ist sie zu empfangen. Kurz, der Streit ist politisch im starken Sinne des Wortes: Er rührt an das, was es bedeutet zu sprechen, an die Logik, nach der das Zusammensein sich zusammen- oder auseinandersetzt.

Infolgedessen ist das, was Mirabeau sagen wird, innerhalb der monarchischen Ordnung nicht einmal vorstellbar. Sein Wort muss unverlautete Fakten, die nicht mit einem vorangehenden Diskurs korrespondieren, ins Feld der Auseinandersetzung führen. Mirabeau öffnet den Übergang zu einer neuen Wahrheit: Diese ist durch seine Intervention nicht ausgedrückt, sie ist deren eigentliche Wirkung.

Die neue Wahrheit hallt im Wort *Wir* wider: »Wir sind die Repräsentanten der Nation.« Hier manifestiert sich ein erstes Mal die Macht des Affekts, nach dem Mittel der Sprache. In der Tat kann das Beherrschen des Diskurses, die Anpassung an die gängigen Regeln, nur bekräftigen, was bereits existiert. Allein das Unvermögen, sich mit der Welt zu arrangieren, kann in die Fähigkeit umschlagen, eine andere zu erfinden, die Worte der Irrealität der Zukunft hinzugeben. Nicht nur macht Mirabeau sich daran, eine Rede zu halten, die er nicht vorgesehen hat, sondern er hält sie an einem Ort, der nicht für diese Rede vorgesehen ist.

Welches ist also dieses *Wir*, das plötzlich in den Mund des Revolutionärs kommt? Es sind die versammelten drei Stände zusammen und nicht mehr getrennt, eine Versammlung, in der nicht länger jeder das Einzelinteresse eines Standes, sondern alle die Nation repräsentieren, als gehörten sie keinem der drei Stände an. Um welche Repräsentation handelt es sich? Das – schwindelerregende – *Wir* ist das Wort eines Einzelnen in konstanter Erweiterung, das die Gesamtheit derer beinhaltet, die in der Versammlung anwesend sind, und sich auf all jene erstreckt, die es nicht sind; all jene, ohne Zahl, aus denen die Nation sich zusammensetzt. Indem er sich dieses *Wir* aneignet, erklärt Mirabeau sich allen gleich und alle ihm.

Dieses *Wir* Mirabeaus, das die Aufrechterhaltung der Versammlung autorisiert, untergräbt die Grundlagen aller Kommunikation mit dem König, mit dem *Wir* der Majestät. In diesem Augenblick gibt es zwei Welten, die der Revolutionäre und ihrer deplatzierten Worte und die des Königs, in der dieses Wort unhörbar und unannehmbar ist. Doch es gibt nicht wirklich zwei Welten, und vor allem gibt es nicht mehr nur ein einziges legitimes Wort, das im Gegensatz zur wortlosen Unordnung steht. Es gibt eine einzige Welt, in der die Attribute der Souveränität sich ohne Wiederkehr zerstreuen, eine heterogene Welt, die sich in eine unmögliche Gleichung zwischen der Repräsentation eines Ganzen und dem Konflikt darüber aufteilt, wer ihm angehört oder nicht. Physische Verschiebungen, Permutationen des Wortes, des Textes, der Gesten. Wenn man auf die körperlichen Hinweise achtet, die im Text präsent sind, bemerkt man, dass der Konflikt sich ebenso sehr an den Rändern des Saals abspielt wie darin. An seinen Rändern wird die Unangemessenheit des Politischen gegenüber der repräsentativen Sphäre ablesbar, die Vielheit seiner Orte und möglichen Formen.

Es ist eine Welt der geteilten Unordnung, in der die Worte physisch behauptet werden durch diejenigen, die sie halten. Indem er verkündet, dass »wir alle« immer mehr ist als das Ganze, weil *Wir*, die diesem Ganzen nicht in angemessener Weise zuteilwerden, dennoch unter denjenigen sind, mit denen zu rechnen ist, nimmt Mirabeaus Satz das Ganze auseinander, um die Kontingenz seiner Zusammensetzung zu erreichen. Darum beschließt er seine Intervention auf dem Gipfel der Vermessenheit: »»daß wir unsre Plätze anders nicht, als auf die Gewalt der Bajonette verlassen werden.‹ – Worauf er sich, selbstzufrieden, auf einen Stuhl niedersetzte.« Die Intervention schließt sich jenseits der Sprache, in der Geste selbst, die darin angegeben ist. Der Revolutionär nimmt seinen Sitz wieder ein, den er bestimmt nicht verlassen wird und den zu verlassen er im Übrigen gar keinen Grund mehr hat, da er dort nicht durch den Willen des Königs sitzt.

Das Wirken des Affekts in der Politik manifestiert sich ein zweites Mal, als ein Körper sich auf diese Weise bereitfindet, für das Erfindungsvermögen seiner Worte einzustehen. Die Bajonette sind nicht zufällig dort. Es stellt sich heraus, dass das Erfindungsvermögen des politischen Wortes genau dort auftritt, wo es an die körperliche Unversehrtheit dessen rührt, der durch seine Worte das Nicht-Mitzählen derer zurückweist, die nicht zählen. Wer sich auf diese Weise ausdrückt, richtet sich nicht nach der vorgeblich neutralen Logik der Debatte, sondern mischt sich in das ein, was sie ausrichtet: Er mischt die Präsenz derer hinein, die darin kein Sagen haben. So öffnet die Diktion auf eine undifferenzierte Zone hin, sie veranlasst eine noch nicht dagewesene Kombination zwischen den Körpern und den Worten: außerhalb jeder Unterordnung, in den parataktischen Ungewissheiten der Konjunktion der einen und der anderen.

Dieser Exzess bringt eine beispiellose Kette von Effekten mit sich: Sie erschüttert die Worte und die Körper in einem Umlauf ohne Ende, sie vertreibt einen jeden aus seiner Position – die Armee, den König, die drei Stände, die Nation –, zerschneidet aufs Neue die Felder der Beziehungen, verzeichnet sich in deren Ausuferung. Und es ist auch genau durch den Einsatz dieser Wellenüberlagerung, dass Kleist, Verfasser von Dramen, die Szenen des Politischen vervielfacht, darin eine Logik der Erscheinung einführt, die aus Abweichungen besteht, im Gegensatz zu einer Repräsentation, die auf das Ideal einer Übereinstimmung der Gemeinschaft mit sich selbst hin angeordnet ist. Er macht die Gestik des Textes anstelle der theatralen Illusion des lebendigen Wortes geltend, er bekräftigt die zufällige Zirkulation des Buchstabens, den kontingenten Teil jedes wiedergegebenen Wortes weit mehr als das Zweckverhältnis, das bestimmte Diskurse bestimmten Orten zuweist.

Hier kommt mit einem Mal das demokratische Zeitalter auf, vermittels des Einfalls, mitten in die souveräne Ordnung, dessen, was diese Ordnung übertritt und sie stürzt. Es ist das demokratische Genie dieses kleinen Essays von Kleist, die Französische Revolution unter einem doppelten Gesichtspunkt gezeigt zu haben. Im Hinblick auf den revolutionären Umsturz hat Mirabeau einen bedeutenden Satz geäußert, bevor er in die Korruption zurückgesunken ist. Aber im Hinblick auf das Mögliche, dessen Vektor seine Äußerung ist, entziffert Kleist darin tatsächlich eine »Fabel ohne Moral«,[12] die auf das hin öffnet, was geschehen kann, wenn jemand, der dem Unentscheidbaren des Kollektivs anheimgegeben ist, sich als fähig erweist, eine für alle gültige Äußerung vorzutragen. Der Aufruhr der Einzelheiten, dem Kleist hier versucht gerecht zu werden, vollführt einen Wink in Richtung all der kleinen Buchstaben, die der große Name der Französischen Revolution bei sich trägt.

Aus diesem Grund hat der Zeitpunkt der Äußerung – 1789 – seine Wichtigkeit. In diesem Augenblick findet derjenige, den sein eigener Vater als »Elster der Schöngeister« und »Eichelhäher der Wegkreuzungen« bezeichnete, den Mut sich aufzulehnen. Sein Improvisationsvermögen leitet einen Aufstand im Herzen einer Instanz ein, die der monarchischen Macht unterworfen ist. Ergriffen im Exzess eines Wortes ohne eigenen Ort lässt der Revolutionär sich darauf ein, einmal den schwarzen Strich des Unmöglichen zu ziehen: Er verschreibt sich der Ungewissheit der Zukunft, auch wenn diese seinen eigenen Tod beinhalten sollte.

Ungeachtet dessen begibt der Abgeordnete Mirabeau sich ab 1790 in den Sold des Königs. Und doch wird er ein Revolutionär gewesen sein, ganz einfach, weil dieser erste Aufstand anderen den Mut gegeben hat, sich zu dessen Mittlern zu machen und auf die Zuspitzung des Unentscheidbaren zu setzen: Danton, Marat, Desmoulins, Robespierre, Saint-Just, Couthon … Es sind mithin nicht nur Eigennamen auf der Höhe des Alles oder Nichts, welche die Revolution konstituieren, sondern hier ist bereits das ganze Integral ihrer Zweideutigkeiten enthalten: die immer wieder ins Spiel gebrachte Prekarität einer politischen Subjektivierung, die für jeden nur unter der Bedingung gilt, dass auf etwas gesetzt wird, das für alle gilt.

Kleist streicht mitnichten den großen Text des Umsturzes. Er verwendet sich lediglich darauf, inmitten der Eloquenz des Alles oder Nichts die *Prosastücke* auszumachen, die sich davon ablösen. Zu diesem Zweck stützt er sich auf ein Bild, das ihm teuer ist: jenes des elektrischen Stroms und seines positiven und negativen Pols. Die Spannung von Mirabeaus Satz erreicht ihr Maximum in dem Augenblick, in dem die *Plus-* und *Minus*polarität des elektrischen Stroms zwischen der Macht und den Abgeordneten sich umkehrt. Kleist dehnt diesen Augenblick, um daraus eine *Geste* zu machen.

Er merkt an, dass man sich den Marquis de Dreux-Brézé am Ausgang der Apostrophe nur in einem Zustand völligen Bankrotts vorstellen kann. Seine Oberlippe zuckt, das bedeutet, sein Organ der Rede macht sich als eine nervöse Partie seines Körpers bemerkbar, was durch sein zweideutiges Spiel an der Manschette bekräftigt wird. Der Marquis ist bereits dabei, die Beherrschung über seinen Körper zu verlieren, genauso wie die Macht nach der Antwort von Mirabeau die Herrschaft über die Situation verliert. Das *Minus* an Beherrschung, durch das die Macht sich auflöst, geht über in ein *Plus* aufseiten der Versammlung, das sich in einer Transformation der Gesamtlage abzeichnet: Kein Befehl ist mehr annehmbar, keine Position mehr gesichert.

Die Umpolung wird nicht in einer Übergabe der Macht wirksam, sondern in der Zersetzung ihrer Logik der Herrschaft. In diesem Augenblick stehen alle auf einer Ebene. Tatsächlich riskiert auch der König sein Leben; aber vom negativen Zeichen befallen, hat dieses Risiko lediglich die Form der Angst des Königs, seiner souveränen Position enthoben zu werden. Wohingegen das Risiko, von dem Kleist berichtet, das Risiko, das Mirabeau und die Versammlung auf sich nehmen, einer Verwegenheit gleichkommt: jener, auf eine unabsehbare Zukunft hin zu öffnen, die nicht länger aus der Vergangenheit fließt, sondern von *uns* abhängt. Indem er das Zeichen wechselt, erlangt der Stromkreislauf das, was Kleist »eine merkwürdige Übereinstimmung zwischen den Erscheinungen der physischen und moralischen Welt« nennt.[13] Das *Minus* an Herrschaft wird in einem *Plus* an Gleichheit wirksam. Das *Plus* ist die Behauptung dessen, was im Politischen *außer* der Macht ist, der allein in der gleichen Freiheit aller gründende Anteil von Konflikt und Erfindung (in einer zeitgenössischen Begrifflichkeit: das Gleichheitsmerkmal oder die Supplementarität des Politischen).

Für Kleist geht die politische Formulierung des Denkens nicht von einem Fernhalten des Affekts aus. Es ist der Affekt selbst, der sich als eine politische Ressource erweist, wenn er seine Gewalttätigkeit oder seine Ohnmacht fernhält, und er ist es auch, der die Anordnung der Macht fernhält: Dazu genügt es, dass seine Polarisierung zum Vektor eines Denkens wird, das allen zukommt. Folglich geht das politische Ereignis von der affektiven Innervation einer Konfliktsituation durch die *Leidenschaft der Gleichheit* aus.

Kleist macht schnell, sehr schnell. Mit einer einzigen Bewegung gibt er der revolutionären Eloquenz ihr Tasten zurück, geht durch sie hindurch und verlässt sie wieder. Die Laufbahn dieses unzeitgemäßen Zeitgenossen der Revolution zeigt, dass die Eloquenz, die dazu bestimmt ist, die Tugend durch Furcht oder Hoffnung zu erzwingen, uns schon nicht mehr als politisches Wort zu dienen vermöchte, obgleich er uns das liefert, was wir uns noch heute unentwegt von ihr leihen: eine epidermale Intoleranz gegenüber der Logik der Ungleichheit; Äußerungen mit der Fähigkeit, unvorhersehbare Diagonalen zu zeichnen, welche die Rangordnung aufstören, die dem Gesellschaftlichen eigen ist.

Gewiss hat Kleist gelegentlich von der diskursiven Verführung geträumt, die sein eigenes Schreiben beiträgt zu erschöpfen. Gleichzeitig Schwanengesang und Zuschnitt einer unwahrscheinlichen Zukunft, hört sein hybrides Werk nicht auf, sich zu exilieren. Exiliert aus der Klassik, aus der Romantik, aus seiner Begeisterung für Preußen, für die Revolution, für die Napoleonischen Kriege, spielt Kleist die Partitur eines Lebens, das jeder Zugehörigkeit fremd ist, des Lebens eines *homme de lettres* im strengen Sinne des Wortes weit mehr als des Mannes einer Schule. Das Kleist'sche Pathos ist wie eine Taschenlampe, deren zurückgeworfenes Licht in jedem »Würfelwurf« die gewöhnliche Würde des Zufalls erraten lässt, die darin unterkommt.

In meinem Kopfe sieht es aus, wie in einem Lotteriebeutel, wo neben einem großen Lose 1000 Nieten liegen. Da ist es wohl zu verzeihen, wenn man ungewiß mit der Hand unter den Zetteln herumwühlt. Es hilft zwar zu nichts, aber es entfernt doch den furchtbaren Augenblick, der ein ganzes Lebensgeschick unwiderruflich entscheidet.[14]

*Übersetzung aus dem Französischen*
*von Mathias Kropfitsch*

## Hölderlin als Atheist? »Blödigkeit«

In den »Nachtgesängen«, die in Friedrich Wilmans'
*Taschenbuch für das Jahr 1805* veröffentlicht wurden,
erhellt das Gedicht »Blödigkeit« – von Friedrich
Hölderlin in die Mitte einer Sammlung von neun
Gedichten gesetzt – die Aufgabe des Dichters. Diese
ist nach einer spezifischen Modalität der Zeitlichkeit
zu erläutern, die im Gedicht als »Wende der Zeit«
bezeichnet wird und auf die von der Französischen
Revolution eröffnete Ära verweist. Wie ist der Titel
zu verstehen: »Blödigkeit«, was sich ebenso als Ungeschicktheit, Hilflosigkeit, Linkischkeit, ja sogar
Idiotie definieren lässt wie als Zaghaftigkeit?[1] Die
Sache kompliziert sich weiter, wenn man sich ver-
gegenwärtigt, dass eine andere Fassung des Gedichts
den Titel »Dichtermut« trägt. Welches Verhältnis hat
der Titel zum Gedicht? Bezeichnet er einen Zustand,
den der Dichter zu bewältigen hat, oder bezeichnet
er eine Transformation des zum Poetisieren erfor-
derlichen Muts, hervorgerufen durch die »Wende
der Zeit«? Von Anfang an führt Hölderlin den Mut
ein, indem er ihn zugleich unkenntlich macht, und
geht dabei so weit, seinen Namen auszulöschen.
Die Hypothese ist folgende: Hölderlin gelangt nur
dahin, mit der Klassik zu brechen, das Gedicht in

eine Auseinandersetzung mit dem »Tod Gottes« zu stellen und mit seinen späten Oden und Hymnen eine Matrix der modernen Dichtung zu schaffen, indem er das verwandelt, was mit Mut gemeint ist.

Diese Hypothese grenzt sich von den zahlreichen Interpretationen ab, die in Hölderlins Abkehr nach 1800 von einem spekulativen Denken des Werks, das in der Lage wäre, Endliches und Unendliches miteinander zu vereinbaren, eine Wende hin zur Trauer um das Göttliche sehen. Aus einer solchen Perspektive verlangt der Hölderlin'sche Befund einer Unmöglichkeit, das Absolute zu erreichen, einschließlich im Tod, einen Verzicht auf das Absolute. Indem diese Perspektive sich auf die Warnungen vor der *Hybris* stützt, bestimmt sie die von Hölderlin angestrebte Nüchternheit als einen Verzicht auf Exaltiertheit. Nach dieser Orientierung wirkt die späte Dichtung immer unter der frommen Anweisung, die Grenzen zu beachten, in der Endlichkeit zu verharren und im Gedenken an die Flucht der Götter ihnen doch die Treue zu halten. Was in diesem Wirken Beachtung findet, ist seine vorbeugende Dimension, um nicht zu sagen das Verbot, dem es unterliegt.[2] Der Akzent wird auf das gesetzt, was die Dichtung nicht tun kann und soll. Dagegen fokussiert der Bezug von lyrischer Nüchternheit und Mut die Chance,[3] die die Absonderung der Götter für die Dichtung darstellt: Weit entfernt davon, sie einfach zu erzwingen, wird jene zu ihrer Ursache. Der Bruch mit dem Bezug auf einen Ursprung macht ihren »Atheismus« offenkundig, in dem Sinne, in dem

Jacques Lacan ihn versteht: ein »Atheismus, begriffen als die Negation der Dimension einer Gegenwärtigkeit der Allmacht im Innersten der Welt«.[4]

Der Mut tritt in ein Verhältnis mit dem Tod, und der Dichter setzt dieses Verhältnis an den Bruchstellen an, die der Tod in die Sprache einführt. Lange Zeit wird Hölderlin diese Stellen im Tragischen suchen: im selbstzerstörerischen Bruch, der das Göttliche der Herrschaft des Wissens unterordnet (Ödipus), im Bruch, der seine Prekarität annulliert, indem er sich dem Tod entgegenwirft (Antigone), im Bruch, der den menschlichen Bereich der Gerichtsbarkeit überschreitet (Kreon). In Hölderlins Produktion nach 1800 verschiebt sich der Akzent; nicht mehr das Schicksal steht im Mittelpunkt der Untersuchung, sondern seine Auflösung in der Moderne – was eine neue Schwierigkeit schafft. In welcher Weise sind die Ent-bindungen und Verknotungen des Körpers und der Sprache Gegenstand ihrer eigenen Kontingenz, in welcher Weise schaffen sie provisorische, historisch unbeständige Transporte? Kann das lyrische Gedicht, angesichts der Sackgasse des Tragischen in der Moderne, den Mut gerade in den Unwägbarkeiten der Kontingenz entziffern, in der Prekarität dieser Unwägbarkeiten? Kann es eine nüchterne Beziehung zum Tod geben?

Zwei Philosophen haben auf sehr unterschiedliche Weise die Hölderlin'sche Transformation des Muts weitergeführt, Walter Benjamin in seinem Essay »Zwei Gedichte von Friedrich Hölderlin« und Alain Badiou in seinem Buch *Theorie des Subjekts*.[5] Der Erste besteht auf der Distanz zwischen der Beziehung zur Welt und ihrem Transport als Gegenstand der dichterischen Tätigkeit im Inneren des Gedichts, betont aber, dass dieser Abstand sich im mystischen Opfer des Dichters aufhebt. Der Zweite besteht gegen Hölderlin auf dem Vermögen des Mutes, sich von der »Umkehr« zum Ursprung abzuwenden, während er weiterhin seinen Überschuss mit einer Kraft gleichsetzt. Die Konfrontation mit diesen beiden Momenten führt zu folgender Fragestellung: Kann es einen Mut geben, der frei ist von jedem Opfer, einen Mut außerhalb des Registers der Kraft?

## Die Dialektik des Nahen und des Fernen, die Totalität

Für den Hölderlin nach 1800 ist die unendliche Fremdheit des Absoluten, seine Gewalt, nicht dem Verschwinden in seiner Erfüllung geweiht wie bei G. W. F. Hegel. Vielmehr tritt das Absolute in der Immanenz einer bestimmten lebendigen Welt auf, und die Synthesen des Denkens und Fühlens schaffen benachbarte Formen seiner Fremdheit: einer Fremdheit, die sowohl das diesen Synthesen eigene Vermögen – das des Darstellens – als auch die Koordinaten dieser Welt übersteigt.

In einer solchen Dialektik sind die Ordnungen des Absoluten und des Endlichen oder, in ihrem Vokabular, des Göttlichen und des Menschlichen niemals identisch. Folglich ist das Problem ihres Widerspruchs nicht das einer negativen Subsumption, und sei sie auch innerlich, sondern das der Annäherung und Entfernung, das die Äußerlichkeit ihrer Ordnungen vermittelt.

Auf den ersten Blick besteht die Aufgabe, die diese Dialektik des Nahen und des Fernen sich gibt, darin, ein endliches Maß für die Gewalt des Absoluten zu schaffen, sein Erscheinen zu ermöglichen. Es geht darum, die Wirkung seiner Fremdheit umzusetzen, sie als Mittel zu begreifen, um einem besonderen Ganzen Ausdruck zu verleihen. Letzteres ist von einem historischen Index affiziert; es ist eine Welt, die ihren Beginn und ihre Auflösung in sich einschließt. In »Das Werden im Vergehen«, das von der Jahrhundertwende datiert, ruft der Dichter eine Vielheit von Welten vor dem Hintergrund einer einzigen unendlichen Welt auf, die sie alle durchzieht.

Denn die Welt aller Welten, das Alles in Allen, welches immer *ist, stellt* sich nur in aller Zeit – oder im Untergange oder im Moment, oder genetischer im Werden des Moments und Anfang von Zeit und Welt *dar*, und dieser Untergang und Anfang ist wie die Sprache Ausdruk Zeichen Darstellung eines lebendigen aber besondern Ganzen [...]. Im lebendig Bestehenden herrscht eine Beziehungsart, und *Stoffart* vor; wiewohl alle übrigen darum zu ahnden sind, im übergehenden ist die Möglichkeit aller Beziehungen vorherrschend, doch die besondere ist daraus abzunehmen, zu schöpfen, sodaß durch sie [als] Unendlichkeit die endliche Wirkung hervorgeht.[6]

Ein besonderes Ganzes hat eine spezifische historische Gestalt, eine Art und Weise, die Verhältnisse der Entitäten zusammenzusetzen, die es bewohnen, eine Beziehungsart vorherrschen zu lassen. Nur wenn die Kristallisation der Einheit, die sein Maß bildete, sich auflöst, wenn sein Vorherrschen sich als unzureichend für sein Fortbestehen erweist, kann dieses Ganze für sich selbst lesbar werden. Der Untergang einer Welt offenbart sie als ein »reales Nichts«: Ihr Zerfall wird ins Unendliche gesogen, während er zugleich neue, unbestimmte Möglichkeiten mit sich führt.

In ebensolcher Weise beschreibt Hölderlin in seinem Brief an Johann Gottfried Ebel vom Januar 1797 die Situation, die aus dem revolutionären Schnitt hervorgegangen ist: Die buntgemischten, unentschiedenen Widersprüche der Zeit, die chaotische Welt werden entweder in Vernichtung münden oder in neuer Organisation. Damit das Neue sich bestimmen kann, ist eine »künftige Revolution der Gesinnungen und Vorstellungsarten«[7] erforderlich. Das heißt: Damit die tatsächliche politische Revolution ihr eigenes Nichts wiedererfassen und ihren unendlichen (realen) Überschuss mit der Sinnlichkeit und dem endlichen (idealen) Glauben abgleichen kann, die sich darin abzeichnen, ist es nötig, dass ihr »reales Nichts« rückwärts durchlaufen werde, dass Punkt für Punkt, in jedem zerstörten Element, des von ihm freigesetzten Möglichen gedacht werde. Dieser Durchlauf gegen den Strich lässt Neues geschehen, je mehr er die Vergangenheit in eine erinnerte Sache verwandelt.[8]

Die Parallele zwischen dem Essay »Das Werden im Vergehen« und dem Brief an Ebel scheint evident, aber sie stößt schnell an eine Grenze. Im Essay bedient sich Hölderlin nicht des historischen Ereignisses, sondern des Tragischen als Operator dieses Eingedenkens. Nun ist beim Dichter die tragische Hybris durchaus ein »reales Nichts« und sie bestätigt den Untergang des griechischen Glanzes, aber sie setzt kein Mögliches frei, zumindest nicht explizit. Ihre Maßlosigkeit bleibt magnetisiert vom »Alles in Allen«, wie es »Die Bedeutung der Tragödien« um das Jahr 1802 auf konzise Weise darlegt.[9] Rufen wir kurz das zugehörige Argument auf: Das Ganze erscheint niemals in seiner wirklichen Stärke; sein Auftreten, seine Mittelbarkeit sind Teil seiner Schwäche. In der Tragödie erlangt nun die Schwäche das Zeichen = 0, Zeichen seiner eigenen Wirkungslosigkeit, ein Zeichen, das seine Ohnmacht bezeugt: Die Auseinandersetzungen des Dramas rund um das Verhältnis zum Göttlichen führen diese Schwäche bis zu ihrer Vernichtung; der Wechsel der Vorstellungen bringt an seinem Kulminationspunkt seine eigene Unterbrechung hervor. Wo alle Vermittlung des Göttlichen abreißt, wo alle Differenz zu ihm sich aufhebt, tritt auf einmal, »gerade heraus«, seine Unmittelbarkeit ein: Die Sättigung jeder Vorstellung, das, was Hölderlin in den »Anmerkungen zum Oedipus« »die Vorstellung selber« nennt,[10] tritt mit dem immanenten Auseinanderfallen des Dramas ein.

Mit dieser Bezeichnung kommt sofort die Ambivalenz der Hölderlin'schen Auffassung des tragischen

Überschusses auf. Was ist dieses Zeichen = 0? Hölderlin verknüpft die Zäsur des Tragischen nicht mit dem Tod des Helden; sowohl in *Oedipus der Tyrann* als auch in *Antigone* entsteht sie aus dem Wort des Teiresias. Ferner ist bei Sophokles der Tod des Ödipus aufgeschoben, unter das Zeichen des Umherirrens gestellt. Wenn jedoch, wie Hölderlin behauptet, alle Vorstellungen der Tragödie auf die Kulmination einer einzigen Zäsur hin angeordnet sind, dann verteilt sich das Zeichen = 0 gleichermaßen auf die Figuren des Dramas. So gesehen ist nun aber ihr Verhältnis zum Tod kein Zeichen ihrer Vereinzelung; vielmehr ist ihre sterbliche Vereinzelung Zeichen des Schicksals, das sie fortträgt und ihren Tod mit dem Entzug der Totalität zusammenfallen lässt. Das Verhältnis zum Tod gelangt niemals wirklich dazu, Verhältnis zur Trennung vom Göttlichen zu sein, da jeder Abstand zum Göttlichen sich aufhebt, befallen vom Grenzenlosen, vom »Ungeheure[n], wie der Gott und Mensch sich paart«.[11] Es ist gerade diese Opferung des Erscheinens, welche die Tragödie zu einer »Anschauung« der Totalität befähigt, sei es auch einzig in ihrer Unzugänglichkeit.[12]

Folglich handelt es sich nicht darum, ein endliches Maß zu schaffen, wie oben angenommen wurde, sondern vielmehr darum, das Absolute vermittels der Unterdrückung aller Wirksamkeit des Scheinens näher zu rücken. Aber hier zeichnet sich ebenso eine Sackgasse ab: Denn wenn das Wirken des Schicksals den Ursprung in sich zurückkehren lässt, dann kann keine neue Wirkung daraus hervorgehen. Der leere Transport des Tragischen kann eine Anschauung der Totalität nur verschaffen, indem er das Zerreißen der Zeit in einer angsterfüllten Paralyse angesichts des Todes erstarren lässt. Und Hölderlin hat lange an dieser Erstarrung festgehalten, eben weil in ihr das Ursprüngliche mit der Totalität gleichgesetzt werden können sollte; einer Totalität, auf die er nicht verzichten will.[13]

Doch die Sackgasse seiner Abfassung der Empedokles-Tragödie, die Zweifel, die ihn hinsichtlich der Revolution befallen, ohne dass er diese jemals verleugnete, all das führt zu einer Verschiebung. Die mit dem tragischen Untergang verbundene Historizität erlangt eine neue Bedeutung. Was uns die Hybris mitteilt, uns Modernen, ist nicht mehr die Intervention des Schicksals, sondern die Trennung des Göttlichen und des Menschlichen, der gemeinsame Bruch sowohl der junonischen Nüchternheit des Scheins als auch der Maßlosigkeit, auf der sie gründet. Wir wüssten nicht mehr das Maß unserer Differenz zu den Göttern tragisch zu annullieren, da es dieses Maß selbst ist, das uns fehlt. Der Tod der tragischen Helden liegt hinter uns, unsere Welt ist die der Zerstreuung: Unsere Schwäche ist gerade die des *dysmoron*, der Abwesenheit von Schicksal. Mehr noch: Dieser Verlust, diese Dekalibrierung macht die Anschauung der Totalität, die durch das kalkulable Gesetz des tragischen Gedichts entziffert werden sollte, rückwirkend hinfällig. Rufen wir dessen Formulierung auf:

Dann hat man darauf zu sehen, wie der Innhalt sich von diesem [dem ›gesezlichen Kalkul‹] unterscheidet, durch welche Verfahrungsart, und wie im unendlichen aber durchgängig bestimmten Zusammenhange der besondere Innhalt sich zum allgemeinen Kalkul verhält, und der Gang und das Vestzusezende, der lebendige Sinn, der nicht berechnet werden kann, mit dem kalkulablen Geseze in Beziehung gebracht wird.[14]

Es gäbe durchaus, eingedenk seiner vernichtenden Wirkung, eine Kontingenz dessen, was im tragischen Kalkül nicht berechnet werden kann: der »lebendige Sinn«, der im unerbittlichen Schicksal wohnt. Die »Anmerkungen zum Oedipus«, die »Anmerkungen zur Antigonä«, die übersetzerischen Reflexionen des sophokleischen Textes verzeichnen die Spuren dieser Kontingenz. Das Ungleichgewicht, der Ausgang erscheint jedes Mal, wenn der Dichter der Verunordnung des Opfers, dessen Gegenstand der Tod ist, Aufmerksamkeit schenkt; wenn er, zwischen den Zeilen, einen Punkt des Außenseitigen ausmacht, der sich nicht ins Ganze fügt. So bringt die »zu unendliche« Deutung[15] des von Teiresias verkündeten pythischen Orakelspruchs Ödipus dazu, das darin empfohlene allgemeine Gebot der Reinigung unbeachtet zu lassen, um sich stattdessen zum Richter und Kläger zu erheben, der rastlos einen Schuldigen zu erkennen sucht. Indem er seinen Willen zum Wissen dem Göttlichen gleichstellt, verwandelt er die Immanenz der ungeschriebenen göttlichen Gesetze, ihre ungetrennte Dimension, ihre Dimension der Dankbarkeit und prägt ihnen eine Opferlogik auf, von der sie zuvor frei waren. Hölderlin markiert sowohl das *nefas* als auch den Hiatus, den diese Überinterpretation verdeckt, und unterstreicht, dass die Geschichte von Laios nicht notwendig im Spruch des Orakels impliziert war. Auf dem tiefsten Punkt ihrer kausalen Verkettung löst der Dichter virtuell Ödipus' Schuld vom Versäumnis der Stadt, die Götter zu ehren, das eben keine individuelle Schuld ist, sondern vielmehr ein Mangel an Enthusiasmus.[16] Ebenso weisen die »Anmerkungen zur Antigonä« *en passant* eine mögliche Differenz zwischen dem von ihr begangenen aufständischen Akt und dem Umsichgreifen des Todes aus, das daraus folgt: »Und in vaterländischer Umkehr, wo die ganze Gestalt der Dinge sich ändert, und die Natur und Nothwendigkeit, die immer bleibt, zu einer andern Gestalt sich neiget, sie gehe in Wildniß über oder in neue Gestalt«.[17] So ist nach den Worten von Hölderlin selbst, ohne dass es weiter ausgeführt würde, die Hybris nicht schlicht und einfach Wirkung des ursprünglichen Nichts, das sich in ihr manifestiert; sie beinhaltet ein Intervall, das zu erhellen der von Hölderlin gesetzte Akzent auf das Ganze verhindert.

## Blödigkeit, der Mut des Dichters

Sind denn dir nicht bekannt viele Lebendigen?
   Geht auf Wahrem dein Fuß nicht, wie auf Teppichen?
      Drum, mein Genius! tritt nur
         Baar in's Leben, und sorge nicht!

Was geschiehet, es sei alles gelegen dir!
   Sei zur Freude gereimt, oder was könnte denn
      Dich belaidigen, Herz, was
         Da begegnen, wohin du sollst?

Denn, seit Himmlischen gleich Menschen, ein einsam Wild
   Und die Himmlischen selbst führet, der Einkehr zu,
      Der Gesang und der Fürsten
         Chor, nach Arten, so waren auch

Wir, die Zungen des Volks, gerne bei Lebenden,
   Wo sich vieles gesellt, freudig und jedem gleich.
      Jedem offen, so ist ja
         Unser Vater, des Himmels Gott,

Der den denkenden Tag Armen und Reichen gönnt,
   Der, zur Wende der Zeit, uns die Entschlafenden
      Aufgerichtet an goldnen
         Gängelbanden, wie Kinder, hält.

Gut auch sind und geschikt einem zu etwas wir,
   Wenn wir kommen, mit Kunst, und von den
                   Himmlischen
      Einen bringen. Doch selber
         Bringen schikliche Hände wir.[18]

In dem Moment nach 1800, der gleichzeitig die Übersetzungen, die vollendetsten Reflexionen zur sophokleischen Tragödie, die Oden und die großen Gedichte einschließt, wird der Mangel des Göttlichen selbst Gegenstand des dichterischen Prozesses. Die Schwierigkeit, die dadurch erzeugten Transformationen zu erfassen, verweist auf eine Diskrepanz. Hölderlins Poetologie ist eine Poetologie des Tragischen, während seine späten Oden und Hymnen Letzteres nicht mehr sind. Rufen wir noch einmal kurz Hölderlins Modalisierung auf, wie sie sich von dieser tragischen Tendenz unterscheidet: Das Erscheinen ist auf eine Gewalt bezogen, einen nicht anzueignenden, unendlichen lebendigen Grund, dessen Möglichkeiten es manifestiert, ohne ihn je zu erschöpfen, wodurch das Werden in der Zeit, die historische Verfassung, eine Notwendigkeit erlangt.

Im Tragischen fällt die Zäsur, der leere Transport, mit der Intervention des Göttlichen in eins, was der Kontingenz ein Ende setzt: Die Bewegung kehrt sich zu sich selbst um. In den späten Gedichten, und insbesondere in der Ode, die uns beschäftigt, »Blödigkeit«, scheint diese Rückkehr aufs Ursprüngliche aufgelöst worden zu sein, oder durchquert: Es geht nicht mehr darum, die Unzugänglichkeit des Ganzen zu schauen, sondern darum, sich davon abzukehren, um in den eingesetzten Verfahren die unendliche Veränderung zu erproben und herzustellen, deren Träger sie sind. Es sind diese Verschiebung hin zur Kontingenz sowie der durch sie erforderte spezifische Mut, die es ans Licht zu

bringen gilt. Diese Verschiebung ist keine endgül-
tige Wende, sie markiert eine innere Spannung des
Hölderlin'schen Werks.

Die Dichtung in Auseinandersetzung mit dem
Mangel des Göttlichen versichert sich weder irgend-
eines vorhergehenden Maßes, noch nimmt sie es auf
sich, »die Welt im verringerten Maasstab dar[zu-
stellen]«,[19] wie Hölderlin die Kunst von Sophokles
auffasst. Ebenso stellt das Gedicht nicht länger die
Fremdheit des Göttlichen im heldenhaften Tod einer
objektivierten dramatischen oder epischen Figur
dar. Der Mut des Dichters stützt sich auf eine einsame und kontingente Beziehung zu dieser Fremdheit, diesem »realen Nichts«, um das die Ordnungen – menschliche, göttliche und Ordnungen der
Gleichheit – kreisen, nachdem ihnen das Prinzip
ihrer Verbindung abhandengekommen ist. Es gibt
keinen kulminierenden Transport der Leere mehr;
die Leere des Transports schlägt sich sowohl in den
Beziehungen zum Göttlichen nieder als auch in der
Verstrickung bezüglich der historischen Welt.

Diese Erneuerung der Aufgabe des Dichters
wird in der Ode »Blödigkeit« angesprochen. Wichtig für uns ist hier nicht, dieses Gedicht als Grundlage für eine Systematisierung des Hölderlin'schen
Werks geltend zu machen. Es geht vielmehr darum –
gestützt auf seine zahlreichen Interpretationen –,
das Verhältnis von Wort, Mut und Subjekt zu erhellen, dem es den Weg ebnet.[20] Diese Geste nimmt
Anleihen bei Benjamin und distanziert sich zugleich
von ihm. Sie leiht sich von ihm seinen Ausgangspunkt, der dieses Gedicht wählt, sowie die Betonung

der Diskrepanz zwischen einer tatsächlichen Beziehung zur Welt und ihrem Transport, ihrer Übertragung und Wiederaufnahme als Gegenstand einer dichterischen Tätigkeit im Inneren des Gedichts. Sie leiht sich von ihm seine Art und Weise, in den Beziehungen des Gedichts die Unendlichkeit der in der endlichen Welt wirkenden Verbindungen zu ordnen; eine Unendlichkeit, worin die mythologisierenden Gestalten sich zugunsten der Prozesse aufheben, die Erkenntnis, Fühlen und Seele synthetisieren.

Sie distanziert sich von Benjamin, insofern er die der dichterischen Sprache innewohnende Verunordnung eliminiert, um Erstere in eine »Alleinherrschaft der Beziehung« einzuschmelzen,[21] die dem orientalischen Prinzip der Auflösung gegenüber dem gestaltenden Prinzip des Griechischen den Vorzug gibt. Der Philosoph lässt also die Aufhebung einer jeden Gestalt im Inneren des Gedichts im »Heldentod des Dichters« kulminieren, der genau dadurch zu der Mitte wird, auf die all seine Verbindungen zurückführen. Damit überträgt Benjamin die Unterbrechung von der tragischen Sprache auf die lyrische: Die unendliche Gestaltform, die dichterische Identität von Gestalt und Gestaltlosem, kehrt im Opfer des Dichters wieder, das sich in nichts mehr vom Ursprung des Gesangs unterscheidet. Sein Mut fällt also mit einer Indifferenz gegenüber dem Leben zusammen, mit einer reinen Hingabe seiner selbst an die Beziehung. Die Immanenz des Dichters in einer »toten dichterischen Welt«[22] tritt mystisch an die Stelle der Anschauung des Ursprünglichen, die der antiken Tragödie eigen ist. Indem wir diese Alleinherrschaft des Relationsprinzips fallen lassen, halten wir uns an den Benjamin'schen Ausgangspunkt, wobei unsere Aufmerksamkeit der Dekalibrierung des Verhältnisses zur Immanenz und seiner dichterischen Rekalibrierung gilt, so wie sich diese beiden Momente im Inneren des Gedichts wiederholt begegnen.

## Die Aufgabe des Dichters

Dass der Tod sich von der Totalität abgelöst hat, bedeutet keineswegs, dass die Beziehung zum Tod verschwindet; es weist lediglich darauf hin, dass der Tod nicht mehr von seiner destinalen Sättigung geflutet wird, sondern sich von ihr differenziert, sich in eine konstitutive Trennung von jedem singulären Leben überträgt. Die Absonderung der Götter wird zu einer Schwelle, auf der sich ein anderes Verhältnis zur Grenze der Sprache abspielt. Hölderlin benennt diese Schwelle im Gedicht »Dichterberuf«, im letzten Vers der letzten Strophe, wie um den Durchbruch zu interpunktieren, um den herum die Oden, die der dichterischen Tätigkeit gewidmet sind, sich sammeln: »Und keiner Waffen brauchts und keiner Listen, so lange, bis Gottes Fehl hilft.«[23]
Im durch diesen Mangel geöffneten Raum bestimmt den Dichter nichts mehr, sodass seine Tätigkeit nur stattfinden kann, wenn sie sich selbst zur Aufgabe wird. Diese Aufgabe kondensiert in sich mehrere Operationen, denen die Sequenzen von »Blödigkeit« entsprechen. Das Gedicht umfasst

deren drei, und zwar ungleiche: die Ankunft des Dichters in seiner Aufgabe, wo von der Sprache gar keine Rede ist; eine sehr lange Periode, in der die Einkehr des Gesangs und die Wende der Zeit sich kreuzen und verdoppeln; endlich eine Schlussstrophe von sehr hoher Abstraktion, die die dichterische Tätigkeit in ihrer Gegenwärtigkeit beschreibt.

Die Wendung des Dichters eröffnet den Lauf des Gedichts. In den ersten beiden Strophen machen rhetorische, negative Fragen und Mahnungen die Aufgabe des Dichters von einem singulären Verhältnis zum Leben abhängig.

Sind denn dir nicht bekannt viele Lebendigen?
Geht auf Wahrem dein Fuß nicht, wie auf Teppichen?
Drum, mein Genius! tritt nur
Baar in's Leben, und sorge nicht!

Was geschiehet, es sei alles gelegen dir!
Sei zur Freude gereimt, oder was könnte denn
Dich belaidigen, Herz, was
Da begegnen, wohin du sollst?[24]

Der einzige Hinweis darauf, dass die Ansprache durch den Dichter vorgebracht wird, ist das an den Begriff des Genius gehängte »mein«. Der Gang seines Fußes erzeugt durch seine Bewegung die Ausdehnung, die das Wahre und den Teppich verbindet, eine zu durchlaufende Textur. Ausrufe- und Fragezeichen wechseln im Chiasmus (?/?/!/!/!/?), verwandeln die Beziehung des Lebens zu seiner dichterischen Bestimmung in einen ungewissen

Gegenstand und eröffnen einen Raum des Zögerns, gespannt zwischen einem zu wagenden Schritt, dem Fuß, der Beleidigung des Herzens, die ihm von anderen zugefügt werden könnte, und der Antizipation eines Ortes, an dem der Ausdruck sich ereignet. Der rhetorische Überschwang der Strophen verleiht ihnen einen Akzent des beinahe Überflüssigen.

Die von den Fragen eingefasste Mahnung benennt eine zu überschreitende Schwelle und die Haltung, die dabei zutage tritt. Die Welt ringsum eignet sich der Intelligenz und dem Voranschreiten, wenn nur Intelligenz und Voranschreiten sich öffnen: Etwas vertraut sich dem dichterischen Wort genau dort an, wo ein Leben sich von dem abschneidet, was es an die Sorge um sich selbst bindet, um »bar« in dieses Leben zu treten (»sorge nicht!«).[25]

Für die Tragödie, erinnern wir uns daran, annulliert die Schwäche des Erscheinens sich im Zeichen = 0, dem Zeichen der Bedeutungslosigkeit des Todes angesichts des Schicksals. Die Mahnung, die der Dichter an sich richtet, »bar« ins Leben zu treten, kehrt diese Orientierung des Zeichens = 0 um. Indem die Bedeutungslosigkeit des Todes nicht länger Zeichen für etwas anderes als sich selbst ist, außerhalb jeder Opferbeziehung zu einem Ganzen, kann seine Schwäche – Blödigkeit – sich nun ins Erscheinen einbeziehen als das, was dessen provisorischen Charakter erhellt; sich einbeziehen auf einer Ebene, auf der die Erwartung sich mit dem vermischt, was sie erwartet. Das Leben kommt zu sich in dem, was ihm zustößt (»Was geschiehet, es sei alles gelegen dir«). Der Dichter holt seine Aufgabe ein in einer Annahme seiner Entblößung, seiner Blödigkeit.

Das Tragische und »Blödigkeit« hängen an derselben Stelle, an der Bruchstelle, die das Nichts in die Sprache einführt, einer »gegenrhythmischen« Zäsur, um den Begriff aus den »Anmerkungen zum Oedipus« wiederaufzunehmen. Jedoch ist nichts gleich. In der Tragödie ist diese Stelle kulminierend: Der Wechsel der Vorstellungen unterbricht sich in einem leeren Transport. Im Gedicht kehrt die initiale Wendung, anstatt die Kontingenz aufzuheben, in sie zurück. Die Trennung bewirkt nichts als ihre einsame und entwaffnete Kontingenz. Ihr Akt ist aufgeladen mit einer spezifischen Affektqualität namens Mut, einem Mut, der Träger einer singulären Neigung ist. Da alle Sorge aufgelöst wurde, ist für den Dichter nichts mehr Schicksal, nicht einmal sein eigener Tod. Er richtet sich nach der radikalen Abwesenheit aller Sicherheit aus, nach dem, was nicht länger an Tödlichem oder Beleidigendem, sondern an Zufälligem, an »Glück« in der Aufgabe ist, die er sich stellt.

Was der Akt der Trennung von der Sorge erprobt, ist also nicht mehr eine übermächtige Schicksalsordnung, die seine Ursache wäre, sondern die sterbliche Vereinzelung des Dichters, aus der nichts ihn zu entlassen vermag und die zur Triebfeder sowohl einer anderen Vermittlung des Göttlichen als auch einer anderen Verstrickung in die Welt werden kann. Es gibt nicht länger einen in sich selbst geschlossenen tragischen Schnitt; die initiale Verunordnung der Sorge scheint die paralysierende Angst hinter sich gelassen zu haben, um sich auf die Beziehungen zu übertragen, die sie durchläuft.

Jedoch sollte diese Unterscheidung selbst erhellt werden. Ist es stichhaltig, auf solche Weise das Tragische, dessen Affektname die Angst ist, mit einem Mut zu kontrastieren, dessen Züge durch das lyrische Subjekt erfasst werden können? Halten wir zunächst einen wichtigen Punkt fest, den die Unterscheidung von Mut und Angst nicht vergessen machen darf; beide kommen in der Lücke der Vorstellung auf. Ihr Riss führt immer eine Lähmung herbei, heftet das Subjekt an seinen Verlust. Es gibt also keine Symmetrie zwischen Mut und Angst, auch wenn es durchaus zwei Arten des Verhältnisses zum Tod gibt, auch wenn der Mut des Dichters sich im Laufe des Gedichts unter Beweis stellt. Das Paradox der mutigen Askese, das Hölderlin entfaltet, besteht darin, dass sie nur mit Angst beginnen kann, aber ohne den Überschuss ihrer Einsamkeit auf den Ruf des Todes (Antigone), den Ruf zur Ordnung (Kreon) oder den Willen zum Wissen (Ödipus) rückzuübertragen. Indem sie die Schwelle ihres eigenen Verlusts überschreitet, hört die Askese auf, ihre sterbliche Kontingenz als eine Bedrohung aufzufassen. Daher rührt eine Verdrehung der Negativität, die dem Mut innewohnt: Sie hat nicht mehr die Konfrontation mit dem Tod, die immer eine Opferdimension voraussetzt, zur wesentlichen Bestimmung, sondern die Negation seiner Allmacht. Diese Veränderung bildet den Gegenstand des mahnenden Anfangs des Gedichts, der als Wendung hin zu einem Vertrauen fungiert.

Das Paradox einer solchen Askese wird von Badiou in *Theorie des Subjekts* unterstrichen, wenn er bemerkt, dass das Subjekt nicht einseitig tragisch ist, obgleich die Tragödie existiert. Nur dass in diesem Werk die politische Überdeterminierung, die Fokussierung auf ein »Subjekt für den Antagonismus«, Badiou klassischerweise dazu bringt, im Mut eine dem Überschuss innewohnende Kraft zu sehen, wo »Blödigkeit« eine andere Frage stellt: Was vermag das Vertrauen des dichterischen Worts in seine Schwäche?

Denn, seit Himmlischen gleich Menschen, ein einsam Wild
   Und die Himmlischen selbst führet, der Einkehr zu,
      Der Gesang und der Fürsten
         Chor, nach Arten, so waren auch

Wir, die Zungen des Volks, gerne bei Lebenden,
   Wo sich vieles gesellt, freudig und jedem gleich,
      Jedem offen, so ist ja
         Unser Vater, des Himmels Gott,

Der den denkenden Tag Armen und Reichen gönnt,
   Der, zur Wende der Zeit, uns die Entschlafenden
      Aufgerichtet an goldnen
         Gängelbanden, wie Kinder, hält.[26]

Die Annahme der Kontingenz trifft nicht mit dem Wunsch zusammen, auf der Höhe der Welt zu sein, und die Mahnung verliert an Kraft. Sie ist durch eine lange argumentative Parenthese abgestützt (»denn, seit«). In dieser stellen sich Eingedenken und

Antizipation als unauflöslich vermischt heraus. Ihre Periode entspricht Hölderlins Bemerkungen über die Inversion in seinem Aufsatz »Reflexion«:

> Man hat Inversionen der Worte in der Periode. Größer und wirksamer muß aber dann auch die Inversion der Perioden selbst seyn. Die logische Stellung der Perioden, wo dem Grunde (der Grundperiode) das Werden, dem Werden das Ziel, dem Ziele der Zwek folgt, und die Nebensäze immer nur hinten an gehängt sind an die Hauptsäze worauf sie sich zunächst beziehen, – ist dem Dichter gewiß nur höchst selten brauchbar.[27]

Die Inversion wird in einer langen Kaskade durchlaufen, so dass jeder Schritt vorwärts aufs Neue die vorangegangenen Zuordnungen unsicher macht. Die syntaktischen und grammatischen Interferenzen schreiben die Wendungen rund um Punkte der Unentschiedenheit ein. Man kann einen annähernden Verlauf ausmachen: Der Gesang, das Subjekt der dritten Strophe, führt die Menschen, die Himmlischen und ein einsames Wild, von dem man nicht weiß, ob es den abgeschiedenen Zustand jeder Größe bezeichnet oder nur die Menschen, gleichermaßen der Einkehr zu, woran auf verschiedene Arten der Chor der Fürsten beteiligt ist. Neben diesem Verhältnis des Gesanges halten sich die Dichter, die »Zungen des Volks«, gerne in der Nähe der Lebenden auf, wohingegen das Subjekt des Nebensatzes »Wo sich vieles gesellt, freudig und jedem gleich, jedem offen«, der die Versammlung bezeichnet, unsicher bleibt, indem es sich entweder um die Dichter handeln kann, die sich zu den Lebenden zählen, oder um Gott, den Vater des Himmels, der die Dichter unter die Zahl derer zählt, die er versammelt. Der Gott steht mittels der Wendung »Armen und Reichen« für ein Prinzip der Gleichheit mit Bezug auf die Nacktheit des Lebens, gönnt einen denkenden Tag ohne Rücksicht auf den Unterschied zwischen Reichen und Armen; er erfüllt ferner eine Wachhalte-, eine orthopädische Funktion, indem er die Entschlafenden aufgerichtet hält, auf dass sie endlich die Gabe nutzen, die ihnen zuteilwird. Auch hier ist nicht sicher, ob die Entschlafenden die Dichter und die Lebenden umfassen oder lediglich die Letzteren bezeichnen. Das Wachen, die Ausübung der Gleichheit, ist die Bedingung dafür, dass die als Orientierung des Prinzips angekündigte Wende der Zeit in Kraft tritt, parallel zur Einkehr des Gesangs. In diesem Ablauf ist die Uneindeutigkeit der Prädikation konstitutiv, wovon die Vielfältigkeit und die widersprechenden Interpretationen der Kommentare zeugen.

Der Mut gestaltet sich im Inneren dieser Spannungen um. Beachten wir zunächst, dass der Gesang eine Gedächtnisfunktion hat; der Gesang der Sterblichen leitet die Vermittlung der Himmlischen und der Menschen, kommt aus der Vergangenheit und konstituiert die Gegenwart des historischen Moments. Aber worauf genau bezieht sich die Gegenwart dieser Rekapitulation? Paradoxerweise ist sie in der darauffolgenden Strophe selbst ins Imperfekt gesetzt (»so waren […] [w]ir […] bei Lebenden«).

Die Vermittlung des Gesangs zeigt gleichzeitig das Auseinanderrücken der Himmlischen und der Menschen und die Überbrückung des Abstands, der sie voneinander trennt: daher das Aufblitzen einer Gleichheit mit den Himmlischen, in Spannung versetzt durch die fortdauernde Einsamkeit, die ihr ein insularer Nominalsatz beifügt, »ein einsam Wild«. Bezüglich der Zuordnung der Einsamkeit lässt sich folgende Hypothese aufstellen: Der lebendige, körperliche Singular von »ein einsam Wild« erdet die durchscheinende Reihe der Abstraktionen, die Menschen, die Himmlischen, den Gesang, den Chor der Fürsten, wendet die Bewegung der Einkehr zurück zur Welt, schließt in seiner Musik den Anlauf des Fußes, des Herzens, des Genius ein, kurz, lässt darin den Körper des Dichters wiederkehren, der durch die vorangehenden Strophen hindurchgegangen ist.[28]

So verfügt der Gesang der Sterblichen über keine beständige, für die Epoche vorherrschende Form mehr, die in der Lage wäre, das Menschliche mit dem Göttlichen zu vereinen, die für den historischen Moment konstitutiv wäre, wie es laut Hölderlin das Tragische für die Griechen war. Seine Einkehr hängt davon ab, dass ein »einsam Wild« den Riss aktualisiert, aus dem ihre Beziehungen hervorgehen, ihn offenhält, seine Möglichkeiten durchmisst. Sie hängt davon ab, dass einige Menschen sich in der Gegenwart zu Dichtern machen. Für einen Dichter aber, der eine solche Aufgabe erfüllt, ist die Abgesondertheit des Göttlichen nicht länger das, was es zu überwinden gilt – sie ist seine Chance, die Chance, jene Abstände zu durchwandern, die uns von den Himmlischen trennen; sie zu denken und fühlen zu lassen.

Welcher Mut ist hier gefordert? Zunächst der, einen Verlust an ein Außen abzugeben. Zumindest schlagen wir vor, so die Vergangenheit zu deuten, die die Vermittlung des Gesangs sanktioniert: »so waren auch / Wir […] gerne bei Lebenden / Wo sich vieles gesellt, freudig und jedem gleich / Jedem offen«. Das Imperfekt deutet darauf hin, dass die Dichter einst eine direkte Gemeinschaft mit den Lebenden bildeten, dass es eine Kontinuität gab zwischen der Anwesenheit der Götter, ihrer Feier durch den Gesang und der Vereinigung der Menschen.

Dass diese Kontinuität gebrochen wurde, ist genau das, was die Absonderung der Götter bedeutet. Die Erzeugung der Gemeinschaft kommt nicht mehr den Göttern oder dem Gesang zu; die Soziabilität des Gemeinsamen hängt von einem Prinzip der Gleichheit ab, welches sie zur Wende der Zeit wach sein lässt und darin Reichen und Armen einen Platz gibt. So reißt sich die Dynamik der Periode doppelt vom konventionellen Bild der Harmonie los, »Wo sich vieles gesellt, freudig und jedem gleich / Jedem offen«: Der Dichter löst sich davon ab, die Politik überträgt es in ein Prinzip; das Bild erscheint, um sich gleich wieder aufzulösen, es zeigt sich als Lockmittel des anfänglichen Wunsches, auf der Höhe der Welt zu sein, oder auch als Lockmittel der Klassik.

Die moderne Spaltung bringt neue Gefahren mit sich, die dem Dichter auflauern: die Hybris, der er ausgesetzt ist. Wenn er im und durch den Gesang eine grenzenlose Übereinstimmung mit der neuen Freiheit sucht, das Zusammenfallen des sinnlichen Transports des Gedankens mit seiner eigenen Veränderung, wird er sich die in der zweiten Strophe erwähnten Beleidigungen zuziehen. Diese Geste kann nicht anders, als sein poetisches Vorgehen der Objektivierung unterwerfen, und das umso mehr, als die Französische Revolution sich selbst als Vollzug einer solchen Übereinstimmung verstand, als sie vorgab, den sinnlichen Transport dem politischen Transport und seiner staatsbürgerlichen Tugend zu unterwerfen. Dagegen besteht die andere Gefahr darin, die Einkehr mit einer Übereinkunft zu identifizieren, sie im Orakelwort einer ewigen Gemeinschaft des Gesangs abzuschließen, was darauf hinausliefe, zu vergessen, was die Freiheit anderswo bedeutet, außerhalb des Gedichts.[29]

Der von den Dichtern geforderte Mut wird deutlicher: Dieser ist angehalten, im Inneren des Gedichts selbst die Differenz zwischen jedem Transport und seinem Außen einzuschreiben. Die Art, wie die Einkehr des Gesangs den Aufruhr der historischen Zeit unterstützt oder unterbricht, hallt wider in der Art, mit der das dichterische Vorgehen seine eigene Unstimmigkeit zum Tragen bringt. Daher in dieser langen Periode die konstante Interferenz der beiden Transformationsvorgänge, der Einkehr und des Aufruhrs, die nicht aufhören aufeinander überzugreifen, deren alte hierarchische Verteilung sich aufhebt, ohne dass deswegen der Unterschied der Aufgaben annulliert würde – die Himmlischen

mit den Menschen zu verbinden für den Gesang, die
Gemeinschaft der Menschen mit der Wende der Zeit
zu verbinden für das göttliche Prinzip der Gleichheit.[30]

Gut auch sind und geschikt einem zu etwas wir,
   Wenn wir kommen, mit Kunst, und von den

                       Himmlischen

   Einen bringen. Doch selber
   Bringen schikliche Hände wir.[31]

Die argumentative Parenthese schließt sich, und
jetzt erst, in einem letzten Anheben, einer separa-
ten Strophe, erhellt sich die Aufgabe des Dichters,
in die Gegenwart zurückversetzt. Diese Gegenwart
schließt an die Strophen des Anfangs an, jenseits des
Kontexts; es sind nicht länger Bedingungen, innerhalb derer das Gedicht agiert, sondern es ist der
dichterische Akt, der für sich selbst zum Gegenstand
wird. Dieser Akt wird unter dem alleinigen Licht
seiner Möglichkeit betrachtet. Die Abstraktion steht
in voller Blüte: »geschikt einem zu etwas«, oder auch
die repetitive Dichte derselben Wörter: »bringen«,
»geschickt«, »schicklich«, »wir«. Dargelegt wird, wie
ein solcher Akt erfolgen kann, ohne dass irgendein
faktischer Verlauf niedergeschrieben würde.

   Die Dichter bringen einen Himmlischen, und
sie selber bringen ihre Hände. Von nun an sind die
Himmlischen keine eigene Ordnung mehr; einer
von ihnen, gebracht von den Dichtern, ist zu einer
der möglichen Gestalten jener Gemeinschaft geworden, die von der Kunst geschaffen wird. Die Dichter

können Vermittler dieser Gemeinschaft sein, denn indem sie den Mut hatten, jede Sorge aufzukündigen, können sie vergemeinschaften, was sich jeder Aneignung entzieht. Sie können es tun, gerade weil diese Gemeinschaft ihnen nicht zukommt, nicht mehr als wem auch immer. Im Verhältnis zur ersten Strophe ist der Akt verarmt; er wendet sich nicht mehr »vielen Lebendigen« zu, sondern einem einzelnen auf einmal, und schafft eine Gemeinschaft, der jedes Prinzip kollektiver Zusammensetzung fehlt. Ebenso zielt der dichterische Akt nicht mehr auf das Ganze ab; vielmehr detotalisiert er das Effektive durch sein Erscheinen: Er bringt *einen* Himmlischen und entreißt der vorherrschenden Form einer erstarrten Gestalt den provisorischen Charakter, die singuläre Gestalt eines neuen Möglichen.

Wem beziehungsweise wie übermittelt der Dichter diese Möglichkeit? Er tut es, indem er sie in »die engen Schranken unserer noch kinderähnlichen Kultur« einführt,[32] wie Hölderlin es in einem Brief an seinen Verleger Friedrich Wilmans Ende 1803 angekündigt hatte. Nur dass es dabei nicht um ein dem Leser dargebrachtes Opfer geht, wie der Brief noch glauben machen konnte, sondern durchaus um die Einführung von etwas Fremdem ins Innere dieser Schranken, fremd sowohl dem Prinzip als auch den existierenden Unterschieden zwischen Reichen und Armen. Fassen wir zusammen: Der Dichter verschenkt etwas Unverfügbares, die Möglichkeit eines unentgeltlichen Verhältnisses, in einem durch den kalkulablen Tausch organisierten kollektiven Raum. Wozu er gut ist, was er vermittelt, ist also ein Überschuss im Hinblick auf das gebrauchsorientierte Maß, das dem Tagesleben eigen ist. Im Verhältnis zu seinem Maß ist seine Gabe maßlos; sie löst sich sowohl von der Tatsächlichkeit des Sozialen als auch von der regulierenden Orthopädie des Prinzips.

Seine Gabe ist zu nichts gut für die Reichen, für die Armen, sie ist einzig gut im Hinblick auf die Veränderung, die sie bei irgendjemandem hervorrufen kann, und auf die der Dichter keinen Zugriff hat; seine Unruhe richtet sich *à qui veut*,[33] um die Formulierung von Stéphane Mallarmé aufzugreifen. Nur so kann das Verhältnis frei und geteilt sein. Das bedeutet, wenn wir Hölderlins Vokabular verlassen, dass seine Gabe sich einzig auf die – positive – Gefahr hin übermitteln kann, die bestehenden Verbindungen der Anerkennung zu zerreißen, indem sie darin eine symbolische Unordnung bewirkt, und auf die – negative – Gefahr hin, vollkommen ignoriert zu werden, zurückgeworfen auf das Nichts der Ent-bindung, auf den Wahnsinn, an den sein Schaffen grenzt. Mut zu einem unbewaffneten und unentgeltlichen Sagen, das in der Lage ist, die Gewalt der Ordnung ins Leere laufen zu lassen und ihren Imperativ zu annullieren: Das ist es, was Hölderlin den Frieden nennt.

Die Strophe entfaltet sich mit einer zusätzlichen Drehung; die Dichter führen die Möglichkeit eines ungebändigten Verhältnisses ein, und sie tun es, indem sie sich selbst in dieses Verhältnis einführen, indem sie ihre Hände einbringen. So ist auch ihre Gabe mit einem Machen verbunden, einem handwerklichen Machen. Die Dichter kommen mit der

Kunst, indem sie selbst ihre »schicklichen Hände« beisteuern, worin »geschickt« widerklingt, also sowohl »gesandt« als auch »behände«, »gewandt«. Im metaphorischen Sinne weisen die Hände des Dichters wahrscheinlich, am Ende des Gedichts, auf den Übergang von der Äußerung zum Buchstaben hin, vom Gesang zum Zeichen.[34]

Das Gedicht erweist sich also als Ort einer Spannung, um nicht zu sagen einer Aporie, es teilt sich in eine unkalkulierbare Gabe und ein Kalkül des Geschicks. Es ist an den Index des nicht Anzueignenden gekoppelt, während seine Gabe auf die Hände, also die Ausübung einer spezifischen Geschicklichkeit verweist, die Hölderlin in den »Bemerkungen zum Oedipus« mit Verfahrensweisen und einem Gesetz des Kalküls in Verbindung bringt, die erlernt und in ihrer Ausführung wiederholt werden können. Ein solches Lernen steht im diametralen Gegensatz zum Titel des Gedichts, »Blödigkeit«, der den Dichter unter das Zeichen einer Ungeschicktheit stellt, einer Linkischheit.

Befragt man den Gehalt des dichterischen Geschicks, einschließlich der »Anmerkungen zum Oedipus«, so ist er nichts anderes als die Fähigkeit, Zäsuren zu produzieren. Ferner bringen im Gedicht die Hände, entgegen dem, was in den »Anmerkungen zum Oedipus« formuliert ist, diesen handwerklichen Charakter der Dichtung direkt mit dem Körper des Dichters in Verbindung. Diese Verstrickung stellt sich als an dem Prozess beteiligt heraus, sodass die Herstellung einer Zäsur zur Anpassung an einen Mangel wird. Die unartikulierbare, ungebändigte

Kontingenz, die in die Sprache einbricht, überträgt sich in die poetisch kalkulablen Punkte der Unentschiedenheit hinsichtlich der prädikativen Zuordnungen, die durch die Anordnung der Perioden und Chiasmen produziert wird: Es gibt sowohl Sendung (oder Ereignis) als auch Geschick[35] (oder Artikulation). Was vom Leben für immer der Sprache entzogen bleibt, in sie eine reine Ent-bindung einführt (bei Hölderlin *das Ungebundenste* genannt), manifestiert sich im Gedicht als seine Entobjektivierung, als das zufällige Aufeinandertreffen von »Vorstellung und Empfindung und Räsonnement« in ihm,[36] für das ein Maß zu schaffen ist.

So ist die Geschicklichkeit dem Unverfügbaren nicht entgegengesetzt, sondern rührt von seinem Ausfall her. Das Maß des Gedichts besteht einfach darin, die Singularität aufs Neue mit seiner eigenen Ungeschicktheit abzugleichen, diese in der Beziehung zur Welt zu erproben, welche jener anheimfällt, mithin jede Subsumption zugunsten dessen aufzulösen, was Hölderlin »das Offene« nennt. Das Gedicht schafft dem Dichter einen neuen Körper außerhalb seiner selbst: Füße, Herz, ein einsam Wild, Zungen, Hände. Indem es das tut, gelingt es ihm, eine andere Welt als die unsere in der Wirklichkeit der Letzteren selbst zu schaffen, ohne in den Opfertod zu gehen, ohne die Himmlischen wieder zum Leben zu erwecken. Das gelingt, indem es einen Punkt des Exils setzt, eine Interpunktion der dem Absoluten innewohnenden Gewalt schafft. Das ist die »geschickte« Umsetzung dieses absoluten Durchbruchs, der sich zum Geschenk macht, der sich jeder beliebigen Person anbietet, die es wagt, »dichterisch auf dieser Erde zu wohnen«.[37]

Die von Hölderlin gefundene Formel für das Exil, das der Tod Gottes impliziert, oder im Vokabular dieses Gedichts, die Wende der Zeit, ist von nahezu endgültiger Schlagkraft: »*das Streben aus dieser Welt in die andre* zu kehren *zu einem Streben aus einer andern Welt in diese*«.[38] Woran erinnert die singuläre Gestalt, die die Aufgabe des Dichters diesem Streben in »Blödigkeit« aufprägt? Wenn man den Ablauf betrachtet, der das Gedicht rhythmisiert, vom Fuß, der auf den Teppich vorrückt, zu den vor sich hergetragenen Händen, könnte man fast meinen, dort einen menschlichen Körper auszumachen, der ein Rad schlägt: Das ist der Mut des Dichters.

*Übersetzung aus dem Französischen*
*von Mathias Kropfitsch*

## Was kann der profane Zorn?
## »Zur Kritik der Gewalt«

In »Zur Kritik der Gewalt«, erschienen 1921 im *Archiv für Sozialwissenschaft und Sozialpolitik*, versammelt und verdichtet Benjamin die politischen Tumulte seiner Gegenwart mit einer Dringlichkeit, die eine klassische metaphysische Frage erneuert: Kann Gewalt gerecht sein? Um diese Frage zu behandeln, verkehrt, zerlegt und sabotiert er die Rechtstheorien der europäischen Moderne. In ihnen wird Gerechtigkeit stets als ein Zweck vorgestellt. Im Verhältnis zu diesem Zweck kann die Gewalt entweder ein neutrales Mittel sein, dessen Sinn durch den gerechten oder ungerechten Zweck gegeben ist, dem sie dient, oder ein berechtigtes oder unberechtigtes Mittel, das die Gerechtigkeit der verfolgten Zwecke garantieren soll: das Naturrecht auf der einen, das positive, historische Recht auf der anderen Seite.

Für Benjamin verfehlen diese Einschreibungen der Gewalt in eine Dialektik der Zwecke und Mittel aber den immanenten Sinn, den eine gerecht genannte Gewalt haben könnte. Daher seine Ratlosigkeit: »Da dennoch jede Vorstellung einer irgendwie denkbaren Lösung menschlicher Aufgaben, ganz zu geschweigen einer Erlösung aus dem Bannkreis aller bisherigen weltgeschichtlichen Daseinslagen, unter völliger und prinzipieller Ausschaltung jedweder Gewalt unvollziehbar bleibt, so nötigt sich die Frage nach andern Arten der Gewalt auf, als alle Rechtstheorie ins Auge faßt.«[1]

Seine metaphysische Kritik positioniert sich in der politischen Gemengelage; sie sucht eine revolutionäre Gewalt, die fähig wäre, die Gewalt des Rechts zu vernichten, obgleich sie unterstreicht, dass die drängendsten gegenwärtigen Probleme nur für einen geschichtlichen Blick intelligibel sind. Dieses Aufeinanderprallen von Registern überwindet unaufhörlich zeitliche Klüfte und erzeugt begriffliche Schlenker. Aus der unmittelbaren Gegenwart entnommene Elemente, wie die Praktiken der Polizei oder der Pazifismus deutscher anarchistischer Strömungen nach dem Krieg, treffen auf quasifiktionale Figuren wie den »›großen‹ Verbrecher«, der »die heimliche Bewunderung des Volkes erregt«[2] und der selbst wiederum mit dem antiken Helden Prometheus verglichen wird.

In diesen bunt gemischten Parcours hat sich eine beiläufige Bemerkung eingeschlichen, die den Zorn betrifft: »Eine nicht mittelbare Funktion der Gewalt, wie sie hier in Frage steht, zeigt schon die tägliche Lebenserfahrung. Was den Menschen angeht, so führt ihn zum Beispiel der Zorn zu den sichtbarsten Ausbrüchen von Gewalt, die sich nicht als Mittel auf einen vorgesetzten Zweck bezieht. Sie ist nicht Mittel, sondern Manifestation.«[3] Diese Zwischenbemerkung ist rätselhaft. Auch wenn dieser menschliche, alltägliche Zorn es erlaubt, die Gewalt außerhalb jedes Mittels zu denken, hat eine solche Manifestation nichts mit irgendeiner wie auch immer verfassten Gerechtigkeit zu tun. Dennoch hat diese kurze Anspielung auf den Zorn nichts Zufälliges, sie schaltet sich an einem entscheidenden Punkt des Gedankengangs ein.

Die folgenden Überlegungen nehmen sich vor, die Tragweite des Zorns für diese andere Art der Gewalt, die von Benjamin angestrebt wird, freizulegen; in dieser Hinsicht ähneln sie einem Kommentar. Doch sie benutzen diese Tragweite zugleich als eine Brille (einen geschichtlichen Blick, um Benjamin zu paraphrasieren), um die Schneisen und Sackgassen des Zorns oder vielmehr der »Zorne« zu erkennen, die die Kämpfe unserer Gegenwart durchziehen.

Benjamin vollzieht seine Kritik zunächst auf der Ebene des in den Blick genommenen Gegenstands, der Gewalt der Rechtsmittel. Das Arbiträre und die Heteronomie hervorhebend, die jedem Rechtsmittel innewohnen, unterscheidet er hiervon die reinen Mittel, die entweder gewaltlos sind oder sich zerstörerisch gegenüber der Staatsgewalt verhalten.[4] In diesen Ausführungen bildet der Zorn eine Zäsur; die Reflexion verlässt die rechtliche Ebene, um die Gewalt – verstanden als die vom Recht ausgeübte – unter dem Gesichtspunkt des Affekts zu untersuchen, der sich darin manifestiert. Somit scheint auf, was die rechtliche Formalisierung der Gewalt nur verwerfen kann, nämlich ihr Hang zum Brutalen.

Die Unmöglichkeit, eine wirkliche Kritik der Gewalt im Inneren der rechtlichen Rationalität durchzuführen, zwingt dazu, sie neu zu bestimmen, diesem Hang nachzugehen, der sie antreibt und von ihrer angeblichen Neutralität verdeckt wird. Daher rührt die Wichtigkeit einer Untersuchung der verschiedenen Gewalten abhängig von dem jeweils darin zum Ausdruck kommenden Zorn, dem profanen (menschlichen), dem mythischen und dem göttlichen Zorn. Ist der profane Zorn ein ärmliches Mittel, das geeignet wäre, den Anspruch einer mit der Staatsgewalt einhergehenden Allmacht zu ruinieren?[5] Es wird hier ausschließlich der Zorn betrachtet. Doch als armes, profanes Mittel, als eine politische Äußerung von Gerechtigkeit geht Zorn eine Wahlverwandtschaft mit Mut ein.

## Die Verderblichkeit der Rechtsgewalt

Unsere alltäglichen »Zorne«, die sich ohne jede Beziehung auf einen Zweck manifestieren, bezeugen einen Grenzpunkt, an dem die Gewalt, anstatt gemäß der Vernunft geordnet zu sein, in sie eingreift als dasjenige, was sie auf Abwege führt, sie desorientiert. Der Einbruch des Zorns isoliert dieses Moment der realen Besetzung, der Wirksamkeit. Die Gewalt beginnt immer diesseits der Rationalitäten, denen sie ihren Impuls verleiht. Die Frage, inwiefern der Zorn Anteil an einer gerechten Gewalt hat, formuliert sich wie folgt: Was macht die Politik mit der Gewalt, die ihr innewohnt?

Die Rechtsgewalt gibt vor, dass die Gewalt für sie nichts als ein Mittel, ein Instrument ist: Sie verwirft diese ihr innewohnende Gewalt. Das bedeutet, dass die rechtlich vermittelte Gewalt nur unter der Bedingung, dass das Dogma ihrer Unparteilichkeit widerrufen wird, intelligibel ist. Die Kritik des Rechts wird diesen »identischen« Gegenstand daher auf zwei Ebenen erhellen: zuerst auf der Ebene der dialektischen Widersprüche, die der rechtlichen Formalisierung inhärent sind, ihrer Unfähigkeit, die von ihr ausgeübte Gewalt in ihrer eigenen Logik zu rechtfertigen; dann auf der Ebene des Hangs zum Brutalen, der diesem blinden Fleck zugrunde liegt.

In ihrer einfachen Abstraktion ist die dialektische Aporie der berechtigten Mittel, welche die Richtigkeit der Zwecke sicherstellen, leicht nachzuvollziehen. Durch die Gesetzlichkeit ihrer Mittel setzt die Rechtsgewalt ihre Zwecke als rechtmäßige fest; dies garantiert, dass sie nicht arbiträr ist. Nichtsdestoweniger bleiben diese Mittel unfähig, von diesen Zwecken selbst Rechenschaft abzulegen, sie zu instituieren, sodass alle positive Rechtsgewalt stets einer Gewalt verdankt bleibt, die außerhalb ihres Zuständigkeitsbereichs liegt, aber in ihr repräsentiert ist, einer setzenden Gewalt. Umgekehrt kann sich diese setzende Gewalt zwar als siegreich durchgesetzt und jeden Widerstand niedergeschlagen haben, doch kann sie sich nur auf Grundlage einer von allen anderen Rechtsbeziehungen unabhängigen Sanktion als Recht etablieren: Friedensvertrag, Institution eines neuen Rechts unter Modalitäten der Verfassung. Sie kann sich also nur auf Dauer einrichten, indem sie sich einer erhaltenden Gewalt preisgibt, die zum Instrument ihrer Selbstreproduktion wird. Daraus ergibt sich eine doppelte Aporie: Ihre Rechtfertigung, ihr Zweck, entgleitet notwendig der gesetzlichen Gewalt, wohingegen die setzende Gewalt ihre Macht nicht gesetzlich zu sanktionieren vermag, ohne sich auf Dauer festzusetzen: von Gerechtigkeit keine Spur.

Dieser Konzeptualisierung mag eine heuristische Relevanz zukommen, sie ist aber nicht mehr als ein Skelett. Denn das Wirkliche des positiven Rechts existiert nie im Reinzustand, es ist immer im Griff der Gewalten, die es bestreiten, an ein Kräfteverhältnis gebunden, mit dem Stand der Dinge verwickelt, dem es sich auferlegt. Benjamin ist an der Rechtsphilosophie nicht als eigenständiger Disziplin interessiert; er fragt, wie sich die aporetische Voraussetzung einer Harmonie zwischen Mitteln und Zwecken in der Rechtsgewalt manifestiert.

Die Rechtsgewalt scheint unmittelbar aus dem »magischen Zirkel« hervorzugehen, der Rechtsetzung und Rechtserhaltung zusammenschweißt. Durch eine Befragung des Umrisses dieses Zirkels, des Umrisses, mit dem die Gewalt die Grenze zwischen dem Innen und Außen festsetzt, erblickt der Philosoph unter der scheinbaren »Kälte« des staatlichen Ungeheuers den permanenten Exzess. Denn ihre Zirkularität sitzt in der Falle; ihre Autorität impliziert, dass alle Gewalt »immer schon« auf gesetzliche Gewalt reduziert ist, wo doch diese Gesetzlichkeit nicht aufhört, mit äußeren Gewalten konfrontiert zu werden. Das heißt, dass sich der Staat nicht konstituieren kann, ohne ein Außen zu konstituieren, das ihn bedroht: Überall, wo eine

Grenze gesetzt wird, wird gleichermaßen die Gefahr dessen gesetzt, was diese Grenze ausschließt. Überall, wo sich die gesetzliche Gewalt auferlegt, legt sie sich über ein Reales, das ihr stets als ein »Mehr« an Unordnung erscheint. Indem es ein Außen ist, ist das Außen bereits zu viel: Es gilt gebändigt zu werden.

Die tatsächlichen Antworten auf die Präsenz dieses Außens können variieren. Die erhaltende Gewalt mag es sich ersparen wollen, sich manifestieren zu müssen, wenn sie ihren Gegner fürchtet, wenn sie sich der Situation nicht sicher ist. Genau das hat sie zur Zulassung eines Streikrechts bewegt, das gewalttätigen Handlungen Einhalt gebieten soll, insbesondere der Sabotage von Maschinen. Sie kann eine Gewalt, die das Arbiträre ausstellt, aus dem sie kommt, zum Rechtsmittel erheben und auf diese Weise die rechtsetzende Gewalt in eine rechtserhaltende Gesetzgebung absorbieren; dies ist bei der Todesstrafe der Fall. Sie kann das Recht in eine Sphäre hinein ausweiten, die bisher frei davon war, und sie einer Kontrolle unterwerfen, wie, in Frankreich, durch das Gesetz zur Unkenntlichmachung von Polizisten bei der Verbreitung von Bildern, das auf die neue Allgegenwart visueller Aufzeichnung antwortet.

Das ändert hieran nichts: Welche Gesetze auch immer etabliert werden, nie können sie das Loch der Gesetzlichkeit stopfen, mit ihrer Voraussetzung zusammenfallen. Denn es sind weder die von ihr verfolgten Zwecke, noch ist es ihre reale Kraft, sondern es ist die schlichte Existenz einer Gewalt außerhalb des Rechts, welche die Rechtsgewalt mit ihrer eigenen Aporie konfrontiert. Jede außerrechtliche Gewaltmanifestation lässt die Unfähigkeit der Rechtsgewalt, ihre Gesetzlichkeit selbst zu beschließen, »das Monopol legitimer physischer Gewalt für sich (mit Erfolg) zu beanspruchen«, um Max Weber zu paraphrasieren, wieder aufleben.

Die Erfolglosigkeit dieser Inanspruchnahme hat nichts mit einem wirklichen Scheitern zu tun, auch wenn sie sehr wohl auf eine Schwäche hindeutet. Sie fungiert als Dynamik der Rechtsgewalt und stellt sich ein, sobald man aufhört, den Staat für ein Resultat zu halten, sobald man ihn von seiner inauguralen Kluft her begreift. Jede historisch sanktionierte Rechtsgewalt kondensiert die Transformation einer setzenden Gewalt in das Recht einer Staatsmacht, weiterhin die Übersetzung dieses Rechts in ein Rechtsmittel, das seinen Fortbestand sichert. Jedes so etablierte Recht bezieht seine Einheit aus den Nähten, mit denen es zusammengeflickt ist, findet sich seinen Diskontinuitäten ausgesetzt. Die Anmaßung, die Gewalt im Register der Gesetzlichkeit zu monopolisieren, bricht permanent wieder herein. Ihr eigenes Versagen hört nicht auf, die erhaltende Gewalt zu lenken, sie aggressiv werden zu lassen, unabhängig von jedem wirklichen Kräfteverhältnis, den mehr oder weniger gesicherten Manifestationen ihrer Macht.

Die Kontinuität zwischen Mittel und Zweck, die das Rechtliche anstrebt, ist von innen durch ihre eigene Inadäquatheit korrodiert, durch die Inkongruenz zwischen der Rechtsgewalt und der Gewalt, die sie begründet. Diese Kluft hat zur Kehrseite, dass jede außerhalb dieser Kohärenz liegende Gewalt im Gegenzug als Drohung, Aggression, »Chaos« erscheint. Was die setzende Gewalt in sich selbst abgeschafft hat, findet sie außen wieder; jede feindliche Gewalt, die ihr entgegentritt, gilt ihr unmittelbar nicht als Begrenzung, sondern als Invasion, Diktat, akute Gefahr. Historisch gesehen ist der Aufstand etwas Seltenes. Phantasmatisch, aus Sicht der Macht, ist die Drohung des Aufstands permanent. Es ist genau ein solches Phantasma, das die Hetze und die anschließend vom französischen Staat eingeleiteten Strafverfolgungen in der Tarnac-Affäre 2009 antrieb.[6]

Die innere Kluft, das Morsche des Rechts projiziert sich nach außen, und diese Projektion ist kein Zusatz, sondern sie ist eng mit der Gesetzlichkeit verschlungen. In klinischen Begriffen gesprochen: Das rechtliche, staatliche Regime der Gewalt ist paranoisch. Es hat all die charakteristischen Verbissenheiten des Rechts zur Folge. Die durch seine Macht ins Werk gesetzte Gewalt ist immer aufbrausend, überschüssig über ihre gesellschaftlichen, ökonomischen oder politischen Funktionen hinaus. Gewiss hat sich seit Beginn des zwanzigsten Jahrhunderts die Funktion des Staats selbst verändert; sie hat sich abgeschwächt, der integrierenden Macht des globalisierten Kapitals untergeordnet. Aber dieser wesentliche Zug bleibt bestehen: Die Macht des Staats ist die Stätte einer Maßlosigkeit. Um diese Maßlosigkeit näher zu bestimmen, unternimmt Benjamin eine Engführung zwischen den Rechtsvermittlungen des europäischen Rechts und dem rächenden Schicksal, das in den antiken Mythen herrscht.[7] Die Vermittlungen des Rechts haben keinerlei Verhältnis zur Gerechtigkeit; sie signalisieren ein Regime der Rache.

Diese merkwürdige Assimilation des modernen europäischen Rechts an das archaische Schicksal stellt sich als weniger unwahrscheinlich heraus, als es zunächst den Anschein hat. Genauso wie das antike Schicksal von den Menschen nichts als die Macht kennt, die es über sie ausübt, kennt der moderne Staat die Gesellschaft nur als Verlängerung seiner selbst. Seine Abgrenzung von seinem Außen besteht stets darin, es zu zerschlagen oder in die von ihm ausgeübte Macht zu integrieren. Sein Gewaltmonopol macht aus ihm eine taube Instanz, die nicht hört, nicht dialogisiert, sondern monologisiert.

Auf den ersten Blick scheint diese Analogie an den Haaren herbeigezogen, im diametralen Gegensatz zu den zahlreichen Rückzügen des Staates, seiner Unterordnung unter das Kapital, und vor allem im offenkundigen Widerspruch zur Einräumung eines Streikrechts zu stehen. Was die Analogie zu umreißen versucht, ist aber nicht eine solche vom Staat ausgeübte wirkliche Macht, sondern der Anspruch auf Allmacht, der ihn anstachelt, und in diesem Sinne geht sie auf. Ein Streikrecht einzuräumen kommt einer Enthaltung gleich: Mit den feindlichen Gewaltmanifestationen der Arbeiter konfrontiert und die direkte Auseinandersetzung fürchtend, verzichtet die rechtliche Macht vorübergehend auf ihr Monopol, sie gibt nach. Die Macht über die Festlegung der Grenzlinie zu seinem Außen einbüßend, ist der Staat gezwungen, dort zu hören, wo er taub ist, dort miteinander zu sprechen, wo er monologisiert. Kurz: Die äußere Gewalt ruiniert die Vortäuschung seiner Allmacht, sie zwingt ihn zum Dialog. Dieses Nachlassen aufseiten der Macht zeigt eine Disposition innerhalb der Kämpfe an: Sie können sich der rechtlichen Macht nur entgegenstellen, indem sie sich abspalten, ein anderes Maß schaffen, das dem Phantasma dieser staatlichen Allmacht ein Ende setzt. Wo der Staat paranoisch vom Maßlosen getrieben ist, beziehen sich die Kämpfe mutig auf das Unermessliche.

Die Transformation dieser gewaltsam abgerungenen »Dialoge«, ihre Umwandlung in ein neues Recht, hat zwei Gesichter. Aus der rechtlichen Perspektive handelt es sich darum, die Praktiken des Kampfes in die Dialektik, die sie unterbrochen haben, erneut einzuschreiben, sie in einer mit dem Recht homogenen Form zu fixieren, also ein Mittel im Hinblick auf einen Zweck zu sein: ein Streik, der sich durch die Ziele, die zu erlangenden Vorteile, konstituiert. Die auf einen Beruf beschränkten Forderungen – eine durch den Staat orchestrierte Integration – verlagern die Integration dieser Kämpfe in die rechtliche Sphäre. In der Tat: Wenn die Gesetzlichkeit mit einer Gewalt nicht zurande kommt, die gegen sie verstößt, kolonisiert sie sie, schreibt ihr den sukzessiven und kausalen Zusammenhang des Rechtlichen vor, und das auf Kosten ihres eigenen Erfindungsreichtums, ihrer eigenen Vermittlungen, ihrer nomadischen Ausbreitung. Daraus folgt eine abschwächende Angleichung an die bestehenden Bedingungen. Die Kämpfe werden abgemindert, abhängig gemacht von einer Formalisierung, in der sie angesichts der Rechtsinstanzen unweigerlich den Kürzeren ziehen.

Es ist diese Homogenisierung mehr als die Anfechtung des staatlichen Monopols, die sich somit auf eine vollkommen fehlgeleitete Weise »gesellschaftlicher Dialog« nennt. Der Streik kann zwar legal stattfinden, aber als solcher kann er nicht mehr selbst bestimmen, welche Grenzen er überschreitet oder nicht, kann diese Bestimmung nicht mehr innerhalb seiner immanenten Organisation erproben. Diese Bestimmung kommt der Ordnung zu, die seine Legalität »garantiert«.[8] Die Rechtsgewalt, die ein Streikrecht gewährt, das für alle das »gleiche« sein soll, diskriminiert die Unterdrückten, indem sie ihre Mittel beschneidet, aus dem Streik bestimmte, bereits angewendete Praktiken ausschließt, sie aus jedem gemeinsamen Kontext verweist, in den Umkreis des Verbrechens, wo sie umbenannt werden in »Gefährdung der öffentlichen Sicherheit«, »Verletzung des Privateigentums«, »Vandalismus«.

Die Transformation eines äußeren feindlichen Mittels in ein rechtliches Mittel geht stets mit einer Übernahme der Kontrolle einher, aber auch mit einer Ausschaltung der Improvisationen, der Gleichheit von Manuellem und Intellektuellem, der Unordnungen des Kollektiven, alles der Stigmatisierung geweihter Abfall. In der »Gleichheit«, die einem Rechtsmittel unterstellt wird, manifestiert sich seine Verbindung zum Privileg. Der Tendenz nach ist diese Kritik eine Neuschreibung von Marx. Während Marx die Abstraktion eines vermeintlich für alle, Reiche wie Arme, gleichen Rechts anprangert, zeigt Benjamin auf, dass die Rechtsgewalt unablässig Armut in Schuld verwandelt. Zusätzlich zu seinem Armsein trägt der Arme die Schuld an seiner Armut. Ihr Umstand wird selbst als Delikt konfiguriert, an die Gewalt des Gesetzes ausgeliefert, wie eine satirische Bemerkung von Anatole France bescheinigt: »Sie verbieten es Armen und Reichen gleichermaßen, unter Brückenbogen zu nächtigen.«⁹ Die Überlagerungen der Rechtsgewalt und der Gewalt des Kapitals gehen bruchlos in ein Regime der Rache über.

Was die Legalisierung des Streiks betrifft, ist es entscheidend, sein anderes Gesicht, seine Bedeutung vom Blickwinkel der Kämpfe aus, nicht aus den Augen zu verlieren, um den staatlichen Anspruch, eine absolute Tatsache zu sein, nicht für bare Münze zu nehmen, um die Kritik der Rechtsgewalt nicht mit der imaginären Bekräftigung ihrer Allmacht zu verwechseln. Denn die Karte ist niemals das Territorium. Und der Streik ist gerade darin Kritik, dass er dieses Absolute dementiert, dass er das Außen in ihm hörbar macht. Aus dem kämpferischen Blickwinkel bleibt das Erlangen des Streikrechts klar ein Sieg, insofern es eine Bresche in die staatliche Maßlosigkeit schlägt. Das neue Problem, das dieses Streikrecht aufwirft, besteht also darin, von dieser Bresche Gebrauch zu machen, die Mittel des Kampfes in ihrem Inneren zu erproben, anstatt von Neuem der Anziehung zu erliegen, die der staatliche Tropismus ausübt. Wir kommen auf diesen Punkt zurück.

Die Schwäche des Anspruchs des Rechts, die Maßlosigkeit seiner Gewalt, haben mit keiner Psychologie zu tun, genauso wenig mit einer vermeintlichen »Psychopolitik«, wie es die Forschung ihnen gerne unterschiebt. Benjamin macht im Übrigen keinerlei Gebrauch von den klinischen Begriffen, die auch hier eingebracht wurden. So mag der Zorn zwar Anteil an der singulären Existenz haben, sein Register ist aber in keiner Weise das des Einzelwillens; er ist eine Kategorie der Geschichtsphilosophie, die an eine metaphysische Wahrheit »rührt«.

Dieses seltsame Gemisch aus Spekulation und Zeitdiagnose, das Benjamin improvisiert, hallt in der Gegenwart wider. Seine Art, das Verhältnis zum Gesetz und zum Staat auszudeuten, ist ein wirkungsvolles Raster zur Analyse der gegenwärtigen Kämpfe. Es gibt mehrere Fallen. Zum einen kann ein Kollektiv sich zum Spiegelbild des Staates machen. Dies war teilweise das Problem des »Unsichtbaren Komitees« (*Comité invisible*); es hat sich öfters selbst als dieses Phantasma des Staats inszeniert. Der »schwarze Block« (an dem das *Comité invisible* teilhat) hat in den Demonstrationen der 2000er Jahre zwar wieder einen Antagonismus eingeführt, aber es ist ihm nicht wirklich gelungen, ein anderes Maß als ebendas der phantasmatischen Allmacht zu schaffen. Dagegen zeigen heute die direkten illegalen Aktionen der »Soulèvements de la terre« eine große Erfindungskraft. Sie kombinieren mehrere Mittel, gewaltsame und gewaltlose, und schaffen ein neues Richtmaß für die Probleme, mit denen die Gesellschaft konfrontiert ist.[10]

Eine weitere Falle ist, den Kampf mit dem Rechtsstandpunkt selbst zu identifizieren. Zahlreiche minoritäre Kämpfe weiten so den Einfluss der Macht, die sie zu reformieren behaupten, immer stärker aus. Ihre Interventionen gehen beinahe übergangslos von Vorwurf und Ablehnung in Vorschrift über. Die Verurteilung, die Schuldzuweisung bilden dabei das Kernproblem. Nichts entrinnt dem, nicht einmal das Vergangene, das schuldig ist, sich nicht bestimmter »absoluter Werte« der Gegenwart entsprechend verhalten zu haben. Diese »Moralität des Spektakels« mündet fast unweigerlich in einer an den Staat gerichteten Forderung der Gesetzgebung.

Benjamin zieht eine radikale Konsequenz aus seiner Analyse: Dass die Rechtsgewalt sich als eine Gewalt erweist, die kein Verhältnis zur Gerechtigkeit, sondern vielmehr eine Affinität zur zornigen Rache der mythischen Sphäre der Antike aufweist, stellt eine Aufgabe für jede gerecht genannte Gewalt, die der Vernichtung der modernen Staatsmacht: »[D]ie Ahnung von de[r] Problematik [der Rechtsgewalt wird] zur Gewissheit von der Verderblichkeit ihrer geschichtlichen Funktion, deren Vernichtung damit zur Aufgabe wird.«[11] Vor diesem Hintergrund bringt er die Fiktion eines göttlichen Zorns ins Spiel, der als Chiffre dieser Vernichtung fungiert.

## Ein unermessliches Nebeneinander.
## Gewalt und Gewaltlosigkeit

Der Rückgriff auf das Göttliche ist keine Bezugnahme auf das Göttliche selbst. Benjamin verlässt sich auf das theologische Absolute der Gerechtigkeit genauso wenig wie auf die von der Rechtsphilosophie postulierte Autonomie. Vielmehr liefert die Antithese von rächender Rechtsgewalt und göttlichem Zorn ein spekulatives Raster, um die Möglichkeit freizulegen, dass die revolutionäre, profane Gewalt »die höchste Manifestation reiner Gewalt durch den Menschen« sei.[12]

In der profanen Sphäre nimmt die unmittelbare mythische Rache den Zug einer dialektisch vermittelten Rechtslogik an. Über ihre Unähnlichkeit hinaus hebt die Benjamin'sche Kritik ihre Identität hervor. Im modernen Recht lebt die mythische Gewalt fort; beide zeigen sich gleichgültig gegenüber der Gerechtigkeit, indem sie – unter verschiedenen historischen Modalitäten – die Herrschaft der Maßlosigkeit objektivieren.

Aufseiten des Göttlichen stellt sich die Sache von vornherein anders dar. Hier besteht die ganze Schwierigkeit darin, die Nachbarschaft zwischen dieser göttlichen, *per definitionem* gerechten Gewalt und einer revolutionären Gewalt auszumachen, über deren Gerechtigkeit oder Ungerechtigkeit sich die Menschen stets uneins sind. Denn die profanen »Zorne« können die Maßlosigkeit des Staats nur vernichten, indem sie sich von ihr losreißen, eine Differenz zu ihr produzieren, wohingegen die göttliche Gewalt *a priori* inkommensurabel ist. Die Unähnlichkeit des göttlichen Zorns und der gerechten profanen »Zorne« liegt genau in dieser Divergenz ihrer Modi, sich vom Arbiträren abzusetzen. Diese Unähnlichkeit hallt in der Entzweiung des politischen Generalstreiks und des proletarischen Streiks wider.

Was die göttliche Gewalt kennzeichnet, ist, dass die Erlösung in den Zorn eingeschlossen ist. In Gott fallen Zorn und Gerechtigkeit zusammen, geht dem Zornesausbruch niemals irgendeine Drohung voraus. Benjamin führt hier als Beispiel eine aus dem Buch *Numeri* (XVI) entnommene biblische Erzählung an. Der göttliche Zorn bricht über die dissidente Rotte Korachs herein, die sich von Mose abspalten und ihre Privilegien pflegen will. Die Gerechtigkeit, die sie trifft, kündigt sich nicht an, ihr Zorn überrascht sie; sie tritt plötzlich ein, indem sie die Erde unter ihnen öffnet.[13] Die zornige Tonalität dieser Gerechtigkeit konstituiert ihre Ereignishaftigkeit, die mit einem einzigen Schlag die Abschaffung des Arbiträren und die Intervention der Gerechtigkeit zusammenführt. Die göttliche Vernichtung der von ihrer Natürlichkeit, vom Privileg eingenommenen Leben lässt den Unterschied zwischen dem gerechten Dasein und dem bloßen Überleben aufscheinen. Die zerstörerische Manifestation der Gerechtigkeit verstößt diese verkümmerten Leben nicht aus der Sphäre des Göttlichen, reduziert sie nicht auf ihre Schuld: Ihre Zerstörung schließt sie ein weiteres Mal in diese unendliche Differenz ein, die sie vergessen hatten, befreit sie von dem mythischen Einfluss, der sie an ihre Privilegien geheftet hatte. Der Mythos kennt vom Leben nichts als das Recht, das er über den Tod ausübt; er sperrt die Menschen in die Angst um ihr »bloßes Leben«, ihr Überleben ein. Die göttliche Gerechtigkeit zerstört diese Begrenzung des Lebens, indem sie zugleich das bloße Überleben zerstört: Sie bekräftigt den Abstand jedes Lebens zum Arbiträren, auf die Gefahr hin, es zu vernichten. »Die mythische Gewalt ist Blutgewalt über das bloße Leben um ihrer selbst, die göttliche reine Gewalt über alles Leben um des Lebendigen willen.«[14]

Diese perfekte Fügung zwischen einer plötzlichen Zerstörung und der Unendlichkeit der Gerechtigkeit erscheint nahezu widersinnig, grundlos. Zu dieser inkommensurablen Perfektion gibt es weder ein direktes Verhältnis noch die Vermittlung einer Perfektibilität.[15] Die Erzählung vom göttlichen Zorn soll die Macht der revolutionären Gewalt erhellen, aber in Wirklichkeit verhält sie sich eher wie eine falsche Fährte. Denn die Revolution muss sich gerade mit Aufgaben befassen, die für diese göttliche Gewalt schlichtweg nicht existieren: die Aufgabe, sich dem »magischen Zirkel« des Rechts zu entreißen, die Aufgabe, die Unendlichkeit der Gerechtigkeit genau dort zu behaupten, wo sie nicht über sie verfügt, die Aufgabe, nicht der Anziehung zu erliegen, die die Macht auf sie ausübt, dem staatlichen Tropismus entgegenzutreten, der ihr auflauert. Es sind nicht nur diese drei Aufgaben zu verbinden, sondern bei jeder von ihnen – dem subtraktiven Bruch, der prekären Affirmation eines Anliegens, der Zurückweisung der Objektivierung – kommt ihre Bearbeitung einer Durchquerung des Heterogenen gleich. An dieser Stelle sind die Überlegungen Georges Sorels eine weitaus größere Hilfe als die biblische Erzählung.

In »Zur Kritik der Gewalt« übernimmt Benjamin den proletarischen Streik in quasiparaphrastischer Weise von Sorel, und so fungiert er als Gegenpol zum politischen Streik, genau in dem Sinne, wie es der französische Philosoph gefasst hat; sein Wirken vernichtet sowohl die gesellschaftliche Arbeitsteilung, die Unterordnung des Manuellen unter das Intellektuelle, als auch den Staat.[16] Außerdem überführt Benjamin dieses geliehene Bruchstück in den Kontext eines viel größeren Gedankengangs, worin der proletarische Streik als ein »reines Mittel« unter anderen reinen Mitteln der gewaltlosen Gerechtigkeit gilt: die Kultur des Herzens, die sprachliche Verständigung, das Vertrauen, die Friedensliebe.

Zusammengenommen sind alle diese Mittel insofern gewaltlos, als sie sich von der Gewalt befreien, die mit der Dialektisierung der Mittel und der Zwecke einhergeht. Dennoch ruft die ungleichmäßige Verteilung des reinen Mittels zwischen den gewaltlosen Vorgehensweisen einerseits und einer die Staatsgewalt vernichtenden Vorgehensweise andererseits ein Ungleichgewicht, ein Hinken hervor. Es ist leicht zu sehen, inwiefern die Friedensliebe, die sprachliche Verständigung, das Vertrauen eine Distanz zum Staat schaffen, seinen Zugriff unterbrechen können, aber kaum zu sehen, inwiefern diese Mittel ausreichen, um ihn zu vernichten.

Doch sobald man die Sache regeln will, indem man sich auf die bloße Zerstörung verlässt, fällt man in das dialektische Auf und Ab zurück, in dem eine bisher unterdrückte Gewalt über eine bis dahin setzende Gewalt siegt, ohne den magischen Zirkel des Staats zu verlassen. Um aus dieser doppelten Sackgasse herauszukommen, ist das Hinken notwendig. Die proletarische Gewalt ist nur begreifbar, wenn sie als ein Mittel unter anderen Mitteln aufgefasst wird, insbesondere dem der sprachlichen Verständigung.

Um ganz genau zu sein: Die Unmittelbarkeit der proletarischen Gewalt ist irreduzibel, das Register der zerstörerischen Negativität ist der Sprache äußerlich. Was die Gewalt und die sprachliche Verständigung gemeinsam haben, ist gerade nicht ein gleiches Register, sondern die Tatsache, sich miteinander verknoten zu können. Das Problem ist nicht, die Gewalt auf die Sprache zurückzuführen, und auch nicht, eine »geringere Gewalt« (Derrida) zu produzieren. Das Problem ist, sie in einer Parataxe zu verknoten, Bahnen *zwischen* Sprache und Gewalt zu eröffnen, die der Ordnung von Mitteln und Zwecken nicht mehr folgen, Bahnen, die die Gerechtigkeit als das manifestieren, was ihre streitlustigen Verbindungen *veranlasst.* Insofern sie göttlich ist, fügt sich die reine unmittelbare Gewalt ins Unendliche ein. Die revolutionäre Gewalt fügt sich nicht ein, sie fügt aneinander, produziert ein unermessliches Nebeneinander; das Unendliche gilt ihr nicht als Telos, sondern als gewaltsamer Anlass einer neuen Kraft und eines neuen Sprechens, von der Staatsmacht entbunden, in konstanter Erweiterung.

Diese gewaltsamen Anlässe sind in intrinsischer Weise politisch, sie besitzen nicht die Vorhersagbarkeit einer physischen Kausalität, liegen außerhalb der theologischen Unfehlbarkeit. Ihr Ausdruck ist aber nicht notwendig an die historische Dimension der revolutionären Brüche gebunden. Sie können gleichermaßen in armen, prekären Brüchen wirksam werden, in den Diskontinuitäten, die dem Zorn immanent sind. Mehr noch: Gerade diese Diskontinuitäten zeugen von der Spezifik der profanen Gewalt. Denn der Begriff des »Proletarischen« bildet sich nicht nach dem Schema des Göttlichen aus, er bezeichnet nicht die plötzliche, letzte Vernichtung des Staats, wie sie etwa die Allegorie der Rotte Korach suggeriert. Wenn sie profan ist, vollzieht sich diese Vernichtung nie woanders als in all ihren lokalisierten Geschehnissen, die nicht auf die Staatsmacht aus sind – was nur ein weiteres Mal darauf hinauslaufen würde, die Herrschenden auszutauschen –, sondern darauf, sie an jedem Punkt ihrer Herrschaft, in jeder ihrer Auferlegungen gesellschaftlicher Hierarchie zu zerstören.

Der Zorn ergreift und hebelt diese Auferlegungen an einem ihrer Punkte aus; er funktioniert sowohl als singulärer Fall wie als Mittler, er zirkuliert von Punkt zu Punkt. Und es ist die Vervielfältigung dieser Punkte, die Intensivierung ihrer Ausbreitung und gerade nicht eine letzte Instanziierung, die sich Revolution nennt. Das heißt, dass sich die Zerstörung der Staatsgewalt schon in jedem beliebigem dieser Punkte abspielt und dort zum Problem werden muss. Das heißt auch, dass ihre Vervielfältigung – die Benjamin bei Rosa Luxemburg aufgreift – entscheidend ist. Nur in der Vermehrung der Orte der Politik liegt die Chance der Vernichtung des Staates.[17]

Als Durchquerungen des Heterogenen sind diese Zersetzungen an keinen »letzten« Zweck gefesselt, sondern werden durch eine logische Umkehr erzeugt: der Anwandlung staatlicher Allmacht nicht länger beizupflichten, ob im Negativen oder im Positiven, ein anderes Richtmaß zu schaffen, das ihre Geltung, ihren Zugriff auflöst; die Gewalt nicht mehr auf ein Jenseits auszurichten, auf eine andere Welt als diese, sondern sie von einer anderen Welt in diese hineinstreben zu lassen. Nur eine solche Umkehr ist fähig, die »unvergleichlichen Wirkungen« der Gerechtigkeit hervorzubringen. Das ist auch der Unterschied zu Agamben. Obwohl Letzterer dieselbe Umkehrbewegung starkmacht, die hier betont wird, versteht er sie analog zur göttlichen Gerechtigkeit, als ein Durchqueren des Apokalyptischen. Der hier als profan ausgedeutete Zorn wendet sich dezidiert vom Apokalyptischen ab.

Bei allen Brüchen gibt es Gründe und Anlässe, und sie sind nicht deckungsgleich. Für die Unterdrückten gibt es tausend Gründe zornig zu sein, aber es sind nicht diese Gründe, die den Zorn auslösen, sondern der Ausfall einer Begründung. »Gibt es einen Grund zu revoltieren? Lassen wir die Frage offen. Es gibt Aufstände, das ist eine Tatsache; und dadurch dringt die Subjektivität (nicht jene der großen Menschen, sondern die von irgendwem) in die Geschichte und belebt sie.«[18]

Als Ausbruch einer Intoleranz gegenüber der Ungerechtigkeit an einem unvorhersehbaren Punkt, zu einem unvorhersehbaren Moment befreit sich der Zorn von vorgegebenen Zielen, strebt nach keinerlei materiellem Profit. Diese einfache Definition erlaubt es bereits, die Masse der Diskurse zu filtern, die ihn für sich reklamieren. Wenn der Zorn, um Charles Péguy zu paraphrasieren, den Moment bezeichnet, »wenn die kleinen Bolzen nicht in die kleinen Löcher passen«,[19] dann macht der politische Zorn aus dieser Dysfunktion das Objekt einer Affirmation.[20] Diese Erschütterungen lösen die Gewalt aus den Logiken des Interesses, des Ressentiments.

Der Zorn kann sich nicht als System einrichten, insofern er provisorisch ist. Nicht auf seinen eigenen Fortbestand fixiert, sich nicht zum Maß erhebend, entfacht er sich und erlischt abhängig von Situationen und nicht von einem rein begrifflichen Vollzug. Diese Prekarität erweckt den Eindruck einer Schwäche. Doch ihre instabile Tragweite ist gerade dasjenige, was eine »allgemeingültige« Gerechtigkeit von ihrer »Verallgemeinerungsfähigkeit« trennt, sie hin zu einer Kasuistik verlagert. Die »Allgemeingültigkeit« erlaubt die Vermehrung der Orte des Politischen, wohingegen die »Verallgemeinerungsfähigkeit« die Ordnung des »Selben« auferlegt und den Erfindungsreichtum schmälert.[21]

Aus den Ausbrüchen des Zorns entfädeln sich seine Fälle, die durch die Kommune in Brand gesetzten Guillotinen, der Gefangenenaufstand in Toul im Jahr 1971, die Besetzung der Bocage von Notres-Dame-des-Landes in den 2000er Jahren, ohne dass diese Gewaltelemente unter einem Begriff subsumiert werden können. Die profanen »Zorne« lassen den Zugriff des Urteils erschlaffen. Worauf es bei der Gerechtigkeit ankommt, ist nicht der Imperativ, es sind die von der anonymen Menschheit geschmiedeten universellen Singularisierungen, von denen allein dieser Imperativ ausgeht.

### Die Erschütterungen des Zorns

In der profanen Gerechtigkeit löst der Zorn eine Kettenreaktion aus und markiert ihre Singularität. Die durch einen gerechten Zorn verursachten Spaltungen können daran scheitern sich zu materialisieren, daran scheitern, zu einem neuen Sprechen vorzudringen, ihren Durchbruch auszuweiten. Der Zorn findet sich also von seinen Folgen abgeschnitten, er verzehrt sich im Leerlauf.

Bei Benjamin bleibt diese Schwierigkeit unbeachtet. Erstens hält seine metaphysische Ausrichtung Probleme auf Abstand, denen ein Denken im Innern der Politik unweigerlich begegnen muss, ganz gleich, welche Behandlung es für sie vorgesehen hat. Dies gilt insbesondere für die Frage nach dem Ziel eines Kampfes, das der Philosoph mit der Logik des Zweckes gleichsetzt und somit vernachlässigt. Zweitens vernachlässigt er aufgrund seiner Befürwortung des ahistorischen Anarchismus Sorels die politische Erfindung einer anderen Zeitlichkeit, einer Alterität, sodass er sich damit zufriedengibt, bei der »einen einzigen Aufgabe« der Vernichtung des Rechts abrupt stehenzubleiben. Alle späteren Überlegungen zum Begriff der Geschichte widerrufen dieses Stehenbleiben, mühen sich daran ab, diese anderen Zeitlichkeiten hervorzubringen.[22]

Letztlich verschließt der Begriff einer unfehlbaren, göttlichen Ereignishaftigkeit die reine Gewalt in einer ewigen Fügung, innerhalb derer das Aufkommen und die Konsequenzen der Gerechtigkeit ein und dasselbe sind. Diese letzte Aporie löst sich ohne Weiteres auf, durch dieselbe Geste, mit der sich der göttliche Zorn auflöst. Es genügt, sie »auch einmal auf dem Kopfe […] gehen« zu lassen. Denn der göttliche Zorn ist nicht dieses Inkommensurable, von dem die profanen Fälle abweichen. Auch wenn das Aufkommen und die Konsequenzen der Gerechtigkeit nur als Einheit bestehen, wie die Frucht und ihre Haut, wirft ihre perfekte Fügung sie darum nicht weniger auf die zeitliche Diskontinuität zurück, auf das riskante Nebeneinander, aus dem ihre angeblich »waltende« Instanziierung kommt. In Wirklichkeit ist diese göttliche Gewalt nichts, nichts als ein von den »unvergleichlichen Wirkungen« der profanen Gewalt abgezogenes Bild.

Was kann der profane Zorn? Dass er nicht ausreicht, Politik zu machen, bedeutet keineswegs, dass das Gegenteil zutrifft, dass es jenseits von allem Zorn eine gerechte Politik geben kann. Die zeitliche Diskrepanz, die mit dem Zorn einhergeht, lässt sich nicht von der Gerechtigkeit abtrennen, ohne dass diese Gerechtigkeit selbst aufhört, eine immanente, materielle und von denjenigen, die sie tragen, verkörperte Ursache zu sein. Der Verschleiß der Aufstände des Arabischen Frühlings ist zwar enttäuschend, aber das verdammt sie nicht. Dasselbe gilt, in geringerem Ausmaß, für den durch die Gelbwesten in Frankreich eröffneten Kurs. Ganz im Gegenteil ist es gerade diese Enttäuschung, die es zu denken, in den Gegenstand einer neuen Affirmation zu verwandeln gilt. Wie lassen sich Zeitlichkeiten erfinden, die von der kapitalistischen Reproduktion unter staatlicher Aufsicht abweichen? Wie können wir unseren Pessimismus organisieren?

Die politische Gerechtigkeit findet in Sätzen statt, nicht in ihrem Begriff, und nur der Zorn kann die Öffnungen herbeiführen, die Zwischenräume schaffen für die Zeit, die sie brauchen, um sich zu formulieren. »Niemand muss glauben, diese wirren Stimmen [der Aufständischen] sängen schöner als andere und sagten die letztgültige Wahrheit. Es genügt, dass sie da sind und alles sie zum Schweigen zu bringen versucht, damit es sinnvoll ist, sie anzuhören und verstehen zu wollen, was sie sagen. [...] Daran ändern auch all die Enttäuschungen der Geschichte nichts. Weil es solche Stimmen gibt, hat die Zeit des Menschen nicht die Form der Evolution, sondern die der ›Geschichte‹.«[23]

*Übersetzung aus dem Französischen
von Christiane Heidrich*

# Anmerkungen

## Mut ohne Heldentum. Eine Einführung

1  Sigmund Freud, »Zeitgemäßes über Krieg und Tod«, in: *Gesammelte Werke*, Band X, London: Imago 1946 [Nachdruck von 1949], S. 323–355.

2  Maurice Blanchot, »Das Ende des Helden«, in: ders., *Das unendliche Gespräch*, Wien/Berlin: Turia + Kant 2023, S. 562–577, hier S. 573. [Text übers. v. Christian Driesen, A. d. Ü.].

3  »Erklärung über das Recht zum Ungehorsam im Algerienkrieg (Manifest der 121)«, http://docs.sartre.ch/Manifest%20der%20121.pdf [letzter Zugriff: 28.11.2024].

4  Frantz Fanon, *Aspekte der Algerischen Revolution*, übers. v. Peter-Anton von Arnim, Frankfurt a. M.: Suhrkamp 1969.

5  Friedrich Hölderlin, »Anmerkungen zur Antigonä«, in: *Sämtliche Werke*, Stuttgart: W. Kohlhammer 1946–1985, Bd. V, S. 263–272, hier S. 266.

6  Walter Benjamin, »Zwei Gedichte von Friedrich Hölderlin«, in: *Gesammelte Schriften*, Band II, Frankfurt a. M.: Suhrkamp 1991 [1977], S. 105–126, hier S. 123.

## Antigone / Hegel, Lacan. Mut oder Heldentum

1   Jacques Lacan, *Die Ethik der Psychoanalyse, Seminar VII*, übers. v. Norbert Haas, Wien: Turia & Kant 2016.

2   *Slavoj Žižek, Die Puppe und der Zwerg*, übers. V. Nikolaus G. Schneider, Frankfurt a. M.: Suhrkamp 2009.

3   Pierre Bruno, *Éthique du littoral*, Séminaire d'été, 29 août 2020, https://www.gnipl.fr/pdf_journees_l_ethique_de_la_psychanalyse/ÉTHIQUE%20DU%20LITTORAL.pdf [letzter Zugriff: 4.2.2025]; Geneviève Morel, »D'un éclat féminin qui suscite la dispute. Lectures croisées d'Antigone de Sophocle par Jacques Lacan et Jean Bollack«, in: Christoph König, Denis Thouard (Hg.), *La Philologie au présent*, Lille: Presses universitaires du Septentrion 2020, S. 185–199.

4   Jean Bollack, *La Mort d'Antigone*, Paris: Presses Universitaires de France 1999; Françoise Duroux, *Antigone encore*, Paris: côté-femmes-éditions 1993; Nicole Loraux, »Antigone sans théâtre«, in: *La Grèce hors d'elle et autres textes*, Paris: Klincksieck 2021, S. 629–636.

5   Lacan, *Die Ethik der Psychoanalyse*, S. 339 [Übersetzung leicht geändert, A. B.].

6   Walter Benjamin, »Zwei Gedichte von Friedrich Hölderlin«, in: *Gesammelte Schriften*, Band II, Frankfurt a. M.: Suhrkamp 1991 [1977], S. 105–126, hier S. 123.

7   Sophokles, *Antigone*, übers. v. Wolfgang Schadewaldt, in: *Griechisches Theater*, Frankfurt a. M.: Suhrkamp 1964, S. 107.

8   Ebd., S. 109.

9   G. W. F. Hegel, *Die Phänomenologie des Geistes*, in: *Werke 3*, Frankfurt a. M.: Suhrkamp 1986, S. 337.

10  Ebd.

11  Ebd., S. 341.

12  Sophokles, *Antigone*, S. 109.

13  Ebd., S. 108.

14  Ebd., S. 106.

15  Die Umarbeitung dieses Problems ist auf beein-
    druckende Weise von Kurt von Fritz behandelt. Vgl.
    Kurt von Fritz, »Haimons Liebe zu Antigone«, in:
    *Antike und Moderne Tragödie. Neun Abhandlungen*,
    Berlin: De Gruyter 1962, S. 227–242.

16  Sophokles, *Antigone*, S. 117.

17  Ebd., S. 118.

18  Ebd.

**Der Mut, auch einmal auf dem Kopf zu gehen.**
**Unordnungen in der Dialektik**

1 Gilles Deleuze, »Brief an einen strengen Kritiker«, in: *Unterhandlungen 1972–1990*, übers. v. Gustav Roßler, Frankfurt a. M.: Suhrkamp 1993, S. 11–24, hier S. 15.

2 Im Argument des Kessels hat A sich von B einen kupfernen Kessel geliehen und wird, nachdem er ihn zurückgegeben hat, von B verklagt, da der Kessel nun ein großes Loch aufweist, das ihn unbrauchbar macht. Hier ist seine Verteidigung: »Erstens habe ich von B überhaupt keinen Kessel entlehnt; zweitens hatte der Kessel bereits ein Loch, als ich ihn von B übernahm; drittens habe ich den Kessel ganz zurückgegeben.« Jeder der Einwände einzeln genommen, so Freud, ist für sich gut; zusammengenommen schließen sie einander aus. Sigmund Freud, *Der Witz und seine Beziehung zum Unbewussten, Gesammelte Werke VI*, London: Imago 1940, S. 65 f.

3 Alain Badiou, *Theorie des Subjekts*, übers. v. Heinz Jatho, Zürich/Berlin: Diaphanes 2014; Jacques Derrida, »Von der beschränkten zur allgemeinen Ökonomie. Ein rückhaltloser Hegelianismus«, in: *Die Schrift und die Differenz*, übers. v. Rodolphe Gasché, Frankfurt a. M.: Suhrkamp 1972, S. 380–421; Jean Hyppolite, *Genèse et structure de la Phénoménologie de l'esprit*, Paris: Classiques Garnier 2022; Slavoj Žižek, *Der erhabenste aller Hysteriker. Lacans Rückkehr zu Hegel*, übers. v. Isolde Charim, Wien/Berlin: Turia + Kant 1991.

4 Hegel, *Phänomenologie des Geistes*, in: *Werke 3*, Frankfurt a. M.: Suhrkamp 1986, S. 145. Die eckigen Klammern sind im zitierten Text enthalten [A. d. Ü.].

5 Ebd., S. 152 f.

6 Was in einer anderen Begrifflichkeit die Beharrlichkeit des Todestriebs ist.

7 »Der Tod, wenn wir jene Unwirklichkeit so nennen wollen, ist das Furchtbarste, und das Tote festzuhal-

ten das, was die größte Kraft erfordert. Die kraftlose Schönheit haßt den Verstand, weil er ihr dies zumutet, was sie nicht vermag. Aber nicht das Leben, das sich vor dem Tode scheut und von der Verwüstung rein bewahrt, sondern das ihn erträgt und in ihm sich erhält, ist das Leben des Geistes. Er gewinnt seine Wahrheit nur, indem er in der absoluten Zerrissenheit sich selbst findet. Diese Macht ist er [...] nur, indem er dem Negativen ins Angesicht schaut, bei ihm verweilt. Dieses Verweilen ist die Zauberkraft, die es in das Sein umkehrt.« Hegel, *Phänomenologie des Geistes*, S. 36.

8 Ebd., S. 154.

9 Gérard Lebrun, *L'Envers de la dialectique. Hegel à la lumière de Nietzsche*, Paris: Seuil 2004.

10 Alexandre Kojève, *Hegel. Eine Vergegenwärtigung seines Denkens*, übers. v. Iring Fetscher, Frankfurt a. M.: Suhrkamp 1975.

11 Judith Butler, *Psyche der Macht. Das Subjekt der Unterwerfung*, übers. v. Reiner Ansén, Frankfurt a. M.: Suhrkamp 2001. Butler bekräftigt und entfaltet die Nähe zwischen der Produktion der Subjektivität in der sittlichen Selbstknechtung des Dieners und den Foucault'schen Analysen des *assujettissement*, der Produktion und Regulierung des Subjekts durch Normen.

12 Im französischen Text »sujétion«; Butler verwendet den Begriff der *subjection*, um, in Anlehnung an Althussers und Foucaults Verwendung des Begriffs des *assujettissement*, die Gleichzeitigkeit von Unterwerfung und Subjektwerdung zu bezeichnen [A. d. Ü.].

13 Im französischen Wort »entêtement« für »Eigensinn« klingt an dieser Stelle das titelgebende Motiv des Auf-dem-Kopf-Gehens (»marcher sur la tête«) an [A. d. Ü.].

14 Jacques Lacan, »Subversion des Subjekts und Dialektik des Begehrens im Freud'schen Unbewussten«, in: *Schriften II*, übers. v. Hans-Dieter Gondek, Wien/Berlin: Turia + Kant 2015, S. 325–368, hier S. 346.

15 Étienne Balibar, »Ich das Wir, Wir das Ich ist. Le mot de l'esprit«, in: *Citoyen sujet et autres essais*

*d'anthropologie philosophique*, Paris: Presses Universitaires de France 2011, S. 209–241.

16  Georges Bataille, »Die Freundschaft«, in: *Die Freundschaft und Das Halleluja (Atheologische Summe II)*, übers. v. Gerd Bergfleth, München: Matthes & Seitz 2002, S. 7–188.

17  Hegel, *Phänomenologie des Geistes*, S. 155.

18  Lacan antwortet 1969 in Vincennes auf diese Weise den Studierenden: »Das, wonach Sie als Revolutionäre streben, das ist ein Herr. Sie werden ihn haben.« Jacques Lacan, *Die Kehrseite der Psychoanalyse, Seminar XVII*, übers. v. Hans-Dieter Gondek, Wien/Berlin: Turia + Kant 2023, S. 271. Dieser Satz ist in einem auf störende Zwischenrufe eingehenden Redebeitrag enthalten, in dem er gleichfalls erklärt, dass er aufseiten der Studierenden steht, und in dem er daran erinnert, dass er 1968 sein Seminar abgebrochen hat.

19  Im französischen Text steht hier »sans emploi«, was sowohl »arbeitslos« bedeuten kann als auch wörtlich »ohne Verwendung«, »ohne Anwendung«. Die Stelle bezieht sich auf Batailles Ausdruck der »négativité sans emploi«, der »beschäftigungslosen Negativität« [A. d. Ü.].

20  Hegel, *Phänomenologie des Geistes*, S. 30.

21  Das bestätigt sich, wenn man den Kontrast der höchst inkongruenten Koppelung zweier Bilder verdeutlicht: Erst soll dem Selbstbewusstsein eine Leiter gereicht werden, und sofort wird ihre Anstrengung mit dem Versuch beschrieben, auf dem Kopf zu gehen. Das erste Bild dient dazu, das Recht des Bewusstseins zu stützen, während das zweite das Verhältnis zur Erhebung annulliert.

## Wozu noch *Minima Moralia*?

1  Theodor W. Adorno, *Minima Moralia* (= *Gesammelte Schriften*, Bd. 4, hrsg. v. Rolf Tiedemann), Frankfurt a. M.: Suhrkamp 1997, S. 14.

2  »Hence, the process of production is emphasized as all-powerful, and reification becomes a synonym for the principle of power which is universal but unlocatable, and which affects everyone equally.« (Gillian Rose, *Melancholy Science: An introduction to the thought of Theodor W. Adorno*, London: The Macmillian Press 1978, S. 141) [Übs. M. K.]

3  Adorno, *Minima Moralia*, S. 16.

4  Ebd., S. 49.

5  Ebd., S. 100.

6  Ebd., S. 101.

7  Ebd., S. 63.

8  Ebd., S. 283.

9  Ebd.

10  Ebd.

11  Ebd., S. 63.

12  Vgl. René Char, *Hypnos. Aufzeichnungen aus dem Maquis 1943–1944*, übers. v. Paul Celan, Frankfurt a. M.: Fischer 1990.

13  »Maintenant«, in: *Libération. Organe du Directoire des Forces de Libération Françaises* 1 (1941), S. 1–2, hier S. 2 [Übersetzung A. B.] https://gallica.bnf.fr/ark:/12148/bpt6k1472949/f2.item

# Kleist als Stenograf. Eine politisch explosive Anekdote

1   Heinrich von Kleist, »Aufsatz, den sichern Weg des Glücks zu finden, und ungestört, auch unter den größten Drangsalen des Lebens, ihn zu genießen!«, in: *Werke und Briefe in vier Bänden*, Bd. 3, Berlin/Weimar: Aufbau 1978, S. 433–449, hier S. 442.

2   Vermutlich 1805 in Königsberg verfasst, Ersterscheinung in *Nord und Süd* 4 (1878), S. 3–7.

3   Zitiert in: *Text + Kritik*, Sonderband: *Heinrich von Kleist*, München: edition text + kritik 1993, S. 160.

4   Kleist, »Über die allmähliche Verfertigung der Gedanken beim Reden«, in: *Werke und Briefe in vier Bänden*, Bd. 3, Berlin/Weimar: Aufbau 1978, S. 453–459.

5   »Die Idee kommt beim Sprechen.«

6   Kleist, »Über die allmähliche Verfertigung der Gedanken beim Reden«, S. 453.

7   Ebd., S. 454.

8   Ebd., S. 455.

9   Ebd., S. 458.

10  Im französischen Text »espacer«; »sperren« oder »spationieren« bedeutet im Druckwesen »mit Abständen versehen« [A. d. Ü.].

11  Max Kommerell, »Die Sprache und das Unaussprechliche. Eine Betrachtung über Heinrich von Kleist«, in: *Geist und Buchstabe der Dichtung*, Frankfurt a. M.: Vittorio Klostermann 1940, S. 180–254.

12  Kleist hat eine sehr kurze »Fabel ohne Moral« geschrieben, in der ein Mensch feststellt, dass er nicht in der Lage ist zu reiten, da er vor einem bereits zugerittenen Pferd steht und selbst die Kunst des Reitens nicht beherrscht. Die logische Antezedenz der Unterwerfung unter die Beherrschung spaltet die Möglichkeit einer Moral auf, genauso wie den Naturzustand.

13  Dieses Bild und seine Assoziation einer Permeabilität finden sich in der gesamten Literatur dieser Periode wieder, die insbesondere durch ein Werk von Pierre J. G. Cabanis mit dem Titel *Rapports du physique et du*

*moral de l'homme* geprägt war, das 1804 in Halle auf
Deutsch erschien: *Über die Verbindung des Physischen
und Moralischen in dem Menschen*, übers. v. Ludwig
Heinrich Jakob.

14  In einem Brief an Ulrike von Keist, Frankfurt an der
    Oder, Dezember 1800. Heinrich von Kleist, *Sämtliche
    Werke und Briefe*, Bd. 2, Hanser, München 1961.

## Hölderlin als Atheist? »Blödigkeit«

1 Die französische Übersetzung des Titels lautet *Timidité* [A. d. Ü.].

2 Ohne ihn darauf reduzieren zu wollen, kann man wahrscheinlich Philippe Lacoue-Labarthe als einen der Vertreter dieser Perspektive anführen. Seine Konfrontation mit der Heidegger'schen Sakralisierung Hölderlins bringt ihn dazu, Fehlen, Fehler, Verfehlung und Befehl systematisch aufzugliedern: »il faut«. Siehe den Artikel »Il faut«, in: *Modern Language Notes*, 107:3 (1992), S. 421–440. [»Il faut«, dritte Person Singular des nur in dieser Person und stets unpersönlich gebrauchten Verbs »falloir« (»sein müssen«, »notwendig sein«), ist gleichlautend mit der dritten Person Singular maskulin des Verbs »faillir« (»fehlen«, »schwach werden«, »gegen etwas verstoßen«), A. d. Ü.].

3 Im Französischen »chance«, d. h. auch »Glück«, »(glücklicher) Zufall« [A. d. Ü.].

4 Jacques Lacan, *Die Angst, Seminar X*, übers. v. Hans-Dieter Gondek, Wien/Berlin: Turia + Kant 2010, S. 389. Vgl. auch Nicolas Guérin, »La traversée de l'angoisse«, in: *Psychanalyse* 23 (2012), S. 45–58.

5 Walter Benjamin, »Zwei Gedichte von Friedrich Hölderlin«, in: *Gesammelte Schriften*, Band II-1, Frankfurt a. M.: Suhrkamp 1977, S. 105–126; Alain Badiou, *Theorie des Subjekts*, übers. v. Heinz Jatho, Zürich/Berlin: Diaphanes 2014.

6 Friedrich Hölderlin, »Das Werden im Vergehen«, in: *Sämtliche Werke*, Stuttgart: W. Kohlhammer 1946–1985, Bd. IV-1, S. 282–287, hier S. 282 [Sperrsatz durch Kursivschrift ersetzt, A. d. Ü.].

7 Friedrich Hölderlin, Brief an Johann Gottfried Ebel vom 10. Januar 1797, in: *Sämtliche Werke*, Bd. VI-1, S. 228–230, hier S. 229.

8 Im Französischen »chose révolue« [A. d. Ü.].

9 Friedrich Hölderlin, »Die Bedeutung der Tragödien«, in: *Sämtliche Werke*, Bd. VI-1, S. 274.

10 Vgl. Friedrich Hölderlin, »Anmerkungen zum Oedipus«, in: *Sämtliche Werke*, Bd. V, S. 193–202, hier S. 196.

11 Ebd., S. 201.

12 Die Tragödie ist für Hölderlin »die Metapher einer
intellectuellen Anschauung«. Siehe Friedrich Hölderlin: »Über den Unterschied der Dichtarten«, in: *Sämtliche Werke*, Bd. IV-1, S. 266–272, hier S. 266. [Im
Französischen ist »Anschauung« mit »intuition« wie-
dergegeben, A. d. Ü.].

13 Dieser Punkt wurde implizit durch Walter Benjamin
problematisiert, der sich auf die Suche nach dem *non
liquet* des Tragischen im Werk von Aischylos macht,
und explizit durch Badiou in *Theorie des Subjekts*, der
die sophokleische Wahrheit, die so intim ist, dass man
sterben muss, wenn man sie in sich entdeckt, und
die Suspendierung der Rache bei Aischylos einander
gegenüberstellt. Wir greifen seine Erläuterung des Tragischen bei Hölderlin auf, ohne seine Schlussfolgerung
zu übernehmen, indem wir sie der Nüchternheit des
poetischen Schreibens gegenüberstellen, das aus exakt
der gleichen Zeit stammt wie die Sophokles-Über-
setzungen.

14 Hölderlin, »Anmerkungen zum Oedipus«, S. 195.

15 Ebd., S. 197.

16 Das Beharren auf einer solchen Virtualität entspricht
der Hölderlin'schen Diagnose, dass die Griechen durch
einen Überschuss an Form und der mangelnden Erinnerung an ihre enthusiastische Natur untergegangen
seien. Diese virtuelle Dimension erlaubt es auch, den
Punkt zu erhellen, an dem die Schuld und der Wille
zum Wissen leerlaufen, anstatt sie zur Logik des Tragischen zu machen – so die Schuld im Fall Freuds, den
Willen zum Wissen im Fall Foucaults.

17 Friedrich Hölderlin, »Anmerkungen zur Antigonä«. in:
*Sämtliche Werke*, Bd. V, S. 263–272, hier S. 271.

18 Friedrich Hölderlin, »Blödigkeit«, in: ders., *Sämtliche
Werke*, Bd. II-1, S. 66.

19 Hölderlin, »Anmerkungen zur Antigonä«, S. 272.

20  Vgl. Wolfram Groddeck, »Hölderlins Ode Blödigkeit«, in: Roland Reuss (Hg.), *Friedrich Hölderlin. Neun Nachtgesänge. Interpretationen*, Heidelberg: Wallstein 2020, S. 157–176; Georg Stanitzek, *Blödigkeit. Beschreibungen des Individuums im 18. Jahrhundert*, Bielefeld: Hermaea, neue Folge, Bd. 60, 1985 (Reprint: Berlin/Boston: de Gruyter, 2011); Hans Jürgen Scheuer, »Verlagerung des Mythos in die Struktur. Hölderlins Bearbeitung des Orpheus-Todes in der Oden-Folge ›Muth des Dichters‹ – Dichtermuth – Blödigkeit«, in: *Jahrbuch der Deutschen Schillergesellschaft* 45 (2001), S. 250–277; Volker Rühle, *Verdichtete Zeit, schöpferische Konsequenz und geschichtliche Erfahrung im Blick auf Hölderlin*, Paderborn/München: Wilhelm Fink 2010; Robert André, »Hölderlins Auf-Gabe und die Ode ›Blödigkeit‹«, in: Stephan Jaeger und Stefan Willer (Hg.), *Das Denken der Sprache und die Performanz des Literarischen um 1800*, Würzburg: Königshausen & Neumann 2000, S. 55–75. Viele der Einsichten von Robert André wurden hier übernommen, wir sind ihm zu großem Dank verpflichtet.

21  Benjamin: »Zwei Gedichte von Friedrich Hölderlin«, S. 124.

22  Ebd.

23  Friedrich Hölderlin, »Dichterberuf«, in: *Sämtliche Werke*, Bd. II-1, S. 46–48, hier S. 48.

24  Hölderlin, »Blödigkeit«, S. 66.

25  Die christliche Quelle des »Sorgt euch nicht« findet sich im Matthäusevangelium; wir berücksichtigen sie hier nicht. Im Gedicht »Die Liebe« verweist die Sorge klar auf die Last des materiellen Lebens, auf das, was das Leben auf seine Abgeschlossenheit beschränkt. In »Heimkunft« fällt die Sorge um das Göttliche am Ende des Gedichts dem Dichter zu, was die anderen verschont, die durch seine Vermittlung die Freude ernten. Hier ist die Sache des Dichters nicht die der Sorge, denn indem das Leben sich ihrer entledigt, kann es sich auf eine dichterische Aufgabe hin ausrichten.

26 Hölderlin, »Blödigkeit«, S. 66.

27 Friedrich Hölderlin: »Reflexion«, in: *Sämtliche Werke*, Bd. IV-1, S. 233.

28 Bei Hölderlin kann das einsame Wild auf den Kentauren verweisen, halb Tier, halb Mensch, der die Vermittlungsfunktion des Dichters benennt.

29 Das ist die Orientierung von Heidegger.

30 Dieser Unterschied ist es, den Benjamin ignoriert oder den er in die Ausbreitung des orientalischen Prinzips integriert und darin auflöst.

31 Hölderlin: »Blödigkeit«, S. 66.

32 Friedrich Hölderlin, Brief an Friedrich Wilmans, Dezember 1803, in: *Sämtliche Werke*, Bd. VI-1, S. 436–437, hier S. 436.

33 »An wen auch immer«, wörtlich »an den/die, der/die will« [A. d. Ü.].

34 Hölderlins späte Dichtung ist dem Zeichen gewidmet, so der Anfang der letzten Fassung von »Mnemosyne«: »Ein Zeichen sind wir, deutungslos«. – Es wird in diesem Gedicht nicht genannt, vielleicht weil Letzteres seine Einschreibung nachahmt.

35 Im Französischen »adresse«; also auch »Adresse«, »Anschrift«, »Anrede« [A. d. Ü.].

36 Hölderlin, »Anmerkungen zum Oedipus«, S. 196.

37 Vgl. Friedrich Hölderlin, »In lieblicher Bläue ...«, in: *Sämtliche Werke*, Bd. II-1, S. 372–374, hier S. 372.

38 Hölderlin, »Bemerkungen zur Antigonä«, S. 268.

# Was kann der profane Zorn? »Zur Kritik der Gewalt«

1   Walter Benjamin, »Zur Kritik der Gewalt«, in: *Gesammelte Schriften*, Bd. II-1, Frankfurt a. M.: Suhrkamp 1999, S. 179–204, hier S. 196.

2   Ebd., S. 183.

3   Ebd., S. 196.

4   Ebd., S. 191.

5   Diese Frage markiert auch meine Abweichung von der Entscheidung Derridas und Hamachers, die Gewalt auf die Sprache zurückzuführen, von der Substituierung der Zweckmäßigkeit durch einen (göttlichen) Endzustand, für die sich Agamben ausspricht, und schließlich von der Tendenz Badious, die Ewigkeit der Idee als Maß für die Heterogenität der Politik zu setzen.

6   Im November 2008 wurden Julien Coupat und Yldune Levi, Mitglieder des »Comité invisible«, einer Gruppierung, die sowohl aus der situationistischen wie aus der autonomen Tradition stammt, als vermeintliche Saboteure verhaftet; die Gruppe wurde als potenziell terroristisch angeklagt. Die ganze Prozedur endete in einem Fiasko für den Staat, die Angeklagten wurden freigesprochen. Es gab viel Solidarität und Unterstützung gegen die Instrumentalisierung einer Anklage des »Terrorismus«.

7   Benjamin stützt sich auf den Mythos von Niobe. Die Tochter des Tantalos, Gattin des Königs von Theben, bringt vierzehn Kinder zur Welt und erhebt sich über Leto, die weniger Kinder gebar. Die Kinder der Letzteren töten Niobes Kinder und lassen die Mutter am Leben: Das Urteil bringt ihre Schuld hervor und fällt selbst wiederum – einer Rache gleich – mit der endlosen Sühne Niobes zusammen.

8   Diese Feststellung wiederholt sich bei der Analyse der Polizei, die nie Rechenschaft über die Gewaltexzesse ablegen muss, die sie unter dem Vorwand provoziert, sie einzudämmen, auch wenn diese Logik eher einem

Verfall des erhaltenden Prinzips gleichkommt, insbesondere durch die Herrschaft der Verordnungen.

9   Benjamin, »Zur Kritik der Gewalt«, S. 198.

10  Vgl. dazu *Les Soulèvements de la terre. Premières secousses*, Paris: La fabrique 2024.

11  Benjamin, »Zur Kritik der Gewalt«, S. 199.

12  Ebd., S. 202.

13  Die Analyse weicht von der Erzählung ab. In der Bibel wird Mose von Gott gewarnt, und Mose warnt Korach.

14  Benjamin, »Zur Kritik der Gewalt«, S. 200.

15  Sie ähnelt auch einer Unterscheidung innerhalb des Theologischen selbst. Das Göttliche kann nur auf dem Weg der Zerstörung in das irdische Leben eingreifen, weil es keine profane Herrschaft des Göttlichen, keine Theokratie geben kann. Das macht den ganzen Unterschied zur politischen Theologie von Carl Schmitt aus.

16  Von dem Unterschied abgesehen, der offensichtlich gewichtig ist, dass der proletarische Streik für Sorel der Mythos *par excellence* der proletarischen Bewegung ist. Unter Mythos versteht Sorel zunächst ein bewegendes Bild: einen Ausgang aus der Gegenwart mittels der Konstruktion einer unbestimmten Zukunft. Der proletarische Streik ist »der *Mythos*, in dem der Sozialismus ganz und gar beschlossen ist: das heißt, eine Ordnung von Bildern, die imstande sind, unwillkürlich alle die Gesinnungen heraufzurufen, die den verschiedenen Kundgebungen des Krieges entsprechen, den der Sozialismus gegen die moderne Gesellschaft aufgenommen hat«. Georges Sorel, *Über die Gewalt*, übers. v. Ludwig Oppenheimer, Frankfurt a. M.: Suhrkamp 1969, S. 145 [Hervorhebungen von Sorel]. In »Zur Kritik der Gewalt« kommt Benjamin nirgends auf diesen Aspekt zu sprechen.

17  Diese Verbreitung ist es, die Rosa Luxemburg in ihrem Text von 1906 über die russische Revolution, »Massenstreik, Partei und Gewerkschaften«, hervorhebt, einem Text, den Benjamin aufmerksam gelesen hat. Er ent-

nimmt ihm eine ganz andere Idee der Revolution als die der bolschewistischen Konzeption.

18  Michel Foucault, »Nutzlos, sich zu erheben«, in: *Schriften in vier Bänden. Dits et Ecrits*, übers. v. Michael Bischoff, Hans-Dieter Gondek, Hermann Kocyba und Jürgen Schröder, Frankfurt a. M.: Suhrkamp 2003, Bd. 3, S. 991 [Übersetzung leicht geändert A. B.].

19  Lacan, *Die Ethik der Psychoanalyse, Seminar VII*, übers. v. Norbert Haas, Wien: Turia & Kant 2016, S. 127.

20  Für Lacan beruht der Zorn »auf einer Enttäuschung, auf dem Scheitern einer [erwarteten] Korrelation […] zwischen einer symbolischen Ordnung und der Antwort des Realen« (ebd.). Für Benjamin beruht dieses Scheitern auf einer Affirmation, die sich »Organisation des Pessimismus« nennt.

21  Eine Darlegung dieses Dilemmas findet sich in Christina Kiaers Überlegungen zur »Frauenfrage« in den 1920er Jahren in der Sowjetunion. Sie zeigt auf, wie die engagierte emanzipatorische Politik über die Tatsache stolpert, diese Frage der Zentralität des Proletariats unterzuordnen. Weiterhin stellt sie fest, dass diese Sackgasse eine Zweideutigkeit des bolschewistischen Materialismus deutlich macht: Die Partei, philosophisch-materialistisch auf der Ebene der Politik, ist antimaterialistisch auf der Ebene des Alltags, indem sie nichts als Missachtung für die materielle Dimension desselben zeigt und sich vornimmt, so die Atavismen zu überwinden. Siehe Christina Kiaer, *Imagine No Possessions: The Socialist Objects of Russian Constructivism*, Cambridge, Mass.: The MIT Press 2005, insbesondere das Kapitel »Everday Objects«.

22  In diesem Sinne ist »Zur Kritik der Gewalt« zugleich ein Eröffnungstext für seine Historisierung des Mythos und der Text eines »jungen Benjamin« aufgrund dieses Hindernisses.

23  Michel Foucault, »Nutzlos, sich zu erheben«, in: *Schriften in vier Bänden. Dits et Ecrits*. Bd. 3, S. 991.

## Textnachweise

Eine frühere Fassung von »Wozu noch *Minima Moralia?*« erschien in: Pierre Buhlmann, Tobias Nikolaus Klass und Philipp Nolz (Hg.), *Unversöhnlichkeiten. Einübungen in Adornos* Minima Moralia, Wien/Berlin: Verlag Turia + Kant, 2023

Eine frühere Fassung von »Was vermag der profane Zorn? ›Zur Kritik der Gewalt‹« findet sich in: Till Hahn, Roberto Nigro und Charlotte Szász (Hg.), *Kritische Philosophiegeschichte*, Zürich/Berlin: diaphanes, 2025

Abdruck mit freundlicher Genehmigung

Gedruckt mit finanzieller Unterstützung
der Universität für angewandte Kunst Wien

*diː'ʌŋgewʌndtə*

**Universität für angewandte Kunst Wien**
*University of Applied Arts Vienna*

Erste Auflage Berlin 2025
Copyright © 2025
MSB Matthes & Seitz Berlin
Verlagsgesellschaft mbH
Großbeerenstraße 57 A, 10965 Berlin, Deutschland
info@matthes-seitz-berlin.de

Satz: psb, Berlin
Druck und Bindung: Art-Druk, Szczecin, Poland
Umschlaggestaltung nach einer Idee von Pierre Faucheux
ISBN 978-3-7518-3045-4
www.matthes-seitz-berlin.de